AF287695

Lena A. Richter

Hochsensible Kinder verstehen und begleiten-

Selbstregulation und emotionale Stärke fördern

ISBN: 978-3-8192-9797-7
Gestaltung & Satz: Lena A. Richter
Verlag: BoD · Books on Demand GmbH, Überseering 33,
22297 Hamburg, bod@bod.de
Druck: Libri Plureos GmbH, Friedensallee 273, 22763 Hamburg
Dieses Buch wurde mit größter Sorgfalt erstellt. Dennoch übernehmen Autor und Verlag keine Haftung für etwaige Fehler oder mögliche Folgen aus der Anwendung der im Buch vorgestellten Inhalte.

Inhalt

Vorwort

Manchmal sind es die leisesten Kinder, die am lautesten spüren.
Die, die mit einem Blick erfassen, was andere nicht mal in Worten begreifen.
Die, die lächeln – und doch so oft mit den Tränen kämpfen.
Die, die du ansiehst und dich fragst:
Wie kann so ein kleines Herz so viel Welt tragen?

Wenn du dieses Buch in den Händen hältst, dann weiß ich:
Du siehst dieses Herz.
Und du spürst – manchmal verzweifelt, manchmal still bewundernd – wie besonders dein Kind ist.
Und wie schwer es sein kann, es in dieser lauten Welt zu begleiten.

Hochsensible Kinder sind nicht zu empfindlich.
Sie sind nicht zu langsam, nicht zu schüchtern, nicht zu anstrengend.
Sie sind fein. Tief. Wahr.
Sie spüren das, was viele längst verlernt haben. Und sie brauchen dich – nicht als Perfektion, sondern als sicheren Ort.

Dieses Buch ist keine Anleitung.
Es ist eine Einladung.
Zum Verstehen. Zum Fühlen. Zum Mutig sein.

Für dein Kind – und für dich.
Denn du darfst mitwachsen.
Mit jedem Schritt. Mit jedem Scheitern. Mit jeder liebevollen Geste, die du gibst, auch wenn du selbst kaum noch Kraft spürst.

Ich möchte dich an die Hand nehmen, nicht nur als Expertin, sondern als Mensch, der versteht.

Denn manchmal reicht ein Blick, ein Wort, eine neue Sicht –
und aus Unsicherheit wird Zuversicht.
Aus Zweifel wird Vertrauen.

Und aus dem Gefühl, alles allein tragen zu müssen, wird das
Wissen:

Ich bin nicht allein. Und mein Kind ist genau richtig.

In tiefer Verbundenheit,

Lena A. Richter

Teil 1: Hochsensibilität verstehen

1.1 Was ist Hochsensibilität?

Liebe Eltern,

stellt euch vor, euer Kind steht inmitten einer Welt, die für viele von uns normal, vielleicht sogar reizarm erscheint – aber für euer Kind ist sie lebendig, laut, leuchtend, intensiv. Die Farben sind bunter, die Geräusche lauter, die Stimmungen im Raum greifbarer. Es fühlt nicht nur mit, es *ist* das Gefühl. Es sieht nicht nur – es *nimmt wahr*, tief, durchdringend, manchmal überfordernd.

Hochsensibilität ist keine Modeerscheinung, keine Übertreibung und schon gar keine Schwäche. Sie ist eine **angeborene neurologische Veranlagung**, die dazu führt, dass Sinneseindrücke, Emotionen und soziale Signale tiefgehender und intensiver verarbeitet werden als bei anderen. Forschungen – etwa von der US-amerikanischen Psychologin Dr. Elaine Aron, die den Begriff der "Highly Sensitive Person (HSP)" maßgeblich geprägt hat – zeigen, dass etwa **15 bis 20 Prozent** der Menschen hochsensibel sind. Das bedeutet:

> Hochsensibilität ist normal – aber besonders. Sie ist selten – aber keineswegs krankhaft.

Ein hochsensibles Kind ist in vielerlei Hinsicht **wie ein Seismograph** für die Welt: Es registriert feinste Veränderungen, Schwingungen, Zwischentöne. Es spürt, wenn jemand im Raum traurig ist, selbst wenn kein Wort gefallen ist. Es kann sich an Geräuschen stören, die andere nicht einmal bemerken – das

Brummen eines Kühlschranks, das Kratzen eines Pullovers, die grelle Flackerbeleuchtung im Supermarkt.

Vielleicht habt ihr schon erlebt, dass euer Kind plötzlich weint, weil jemand laut gesprochen hat. Oder dass es lange braucht, um nach einem aufregenden Tag wieder „runterzufahren". Dass es sich zurückzieht, wenn zu viele Menschen oder Eindrücke auf einmal auf es einprasseln. Und vielleicht habt ihr euch gefragt: *Warum ist das so? Warum reagiert mein Kind so anders als andere?*

Die Antwort liegt genau hier: **Das Nervensystem eures Kindes arbeitet differenzierter, intensiver und gleichzeitig schneller überreizt.** Es filtert Reize nicht so stark, sondern lässt viele Informationen „durch", die andere Kinder vielleicht ausblenden. Diese Reizoffenheit führt dazu, dass hochsensible Kinder oft *mehr verarbeiten müssen* – emotional, kognitiv, körperlich.

Das bedeutet aber auch: **Euer Kind ist nicht zu empfindlich. Es ist empfindsam.** Und das ist ein großer Unterschied.

Hochsensible Kinder verfügen oft über eine **intuitive Intelligenz**, über ein tiefes inneres Wissen und eine außergewöhnliche Wahrnehmung. Sie nehmen oft Stimmungen wahr, bevor sie ausgesprochen werden. Sie stellen kluge, tiefgehende Fragen. Sie haben ein ausgeprägtes Gefühl für Gerechtigkeit und sind emotional sehr reif – und gleichzeitig in bestimmten Situationen verletzlicher und schneller erschöpft.

Häufig zeigt sich Hochsensibilität bereits in den ersten
Lebensmonaten:

- Das Baby schreckt leicht auf, weint schneller bei zu viel
  Trubel oder Geräuschen.

- Es beobachtet intensiv, wirkt wach und aufmerksam,
  verarbeitet neue Eindrücke aber langsamer.

- Kleinkinder zeigen großes Einfühlungsvermögen, aber
  auch Rückzugstendenzen in Gruppen.

Später äußert sich Hochsensibilität z. B. durch:

- eine hohe Reizempfindlichkeit (z. B. auf Kleidung, Licht,
  Geräusche, Gerüche),

- starke emotionale Reaktionen – sowohl positiv wie
  negativ,

- tiefes Nachdenken und langes „Grübeln" über Eindrücke
  und Erlebnisse,

- eine ausgeprägte Vorstellungskraft und Fantasiewelt,

- eine starke Verbundenheit mit Natur, Tieren oder Kunst,

- häufig ein auffallend großes Verantwortungsgefühl, auch
  für andere.

All das kann im Alltag zu Herausforderungen führen.
Hochsensible Kinder gelten schnell als „anstrengend",
„empfindlich" oder „schwierig", weil sie in einem Umfeld leben,
das nicht auf ihre Bedürfnisse eingestellt ist. Unsere
Gesellschaft ist schnell, laut, fordernd. Sie liebt das Belastbare,
das Durchsetzungsstarke – und vergisst dabei oft das Leise, das
Zarte, das Tiefe.

> Doch genau das macht euer Kind aus.

Ein hochsensibles Kind braucht nicht weniger, sondern **mehr Schutz**, mehr Halt, mehr Verständnis. Es braucht Eltern, die **verstehen, was in ihm vorgeht** – die nicht „erziehen", sondern **begleiten**, die nicht „abstellen" wollen, was auffällt, sondern es **annehmen und nähren**.

Deshalb ist es so wichtig, dass ihr jetzt hier seid. Dass ihr bereit seid, hinter das Verhalten eures Kindes zu blicken. Dass ihr euch mit Offenheit, Geduld und Liebe auf seine innere Welt einlasst. Denn wenn ihr eurem Kind erlaubt, *sich selbst zu verstehen*, statt sich falsch zu fühlen, wird es lernen, mit dieser Gabe umzugehen.

Hochsensibilität ist ein Geschenk – aber nur dann, wenn sie **nicht beschämt, sondern willkommen geheißen wird**. Wenn euer Kind lernt, dass seine Tiefe ein Schatz ist. Dass es okay ist, zu weinen, wenn es andere nicht tun. Dass es nichts Falsches ist, still zu sein, wenn andere laut sind.

Stellt euch euer Kind wie eine zarte Pflanze vor, die nicht weniger stark ist, sondern einfach einen anderen Boden braucht, andere Pflege, andere Bedingungen, um aufzublühen. Wenn ihr diesen Boden bereitet – mit Achtsamkeit, Wärme und Wissen – wird es seine Stärke entdecken.

Hochsensibilität ist keine Last, die man tragen muss – sondern eine **Sprache, die man lernen darf zu sprechen**.

Und genau das wollen wir in diesem Buch gemeinsam tun.

1.2 Zeichen und Merkmale erkennen

Hochsensible Kinder tragen feine, oft übersehene Botschaften in ihrem Verhalten. Ihre Reaktionen sind nicht zufällig, nicht überzogen – sie sind Hinweise auf eine Welt, die intensiver, dichter und vielschichtiger empfunden wird. Wer lernt, diese Zeichen zu lesen, beginnt, sein Kind wirklich zu sehen. Und es zu verstehen.

1. Emotionale Tiefenwellen – wenn Gefühle alles durchdringen

Tränen bei einem traurigen Lied, übersprudelnde Freude über ein Blatt im Wind, Angst vor einem harschen Tonfall: Hochsensible Kinder erleben Gefühle mit einer Intensität, die uns Erwachsene manchmal überrascht – oder überfordert. Diese Kinder haben keine dünne Haut. Sie haben *eine durchlässige Seele*. Sie empfinden das Leben nicht nur – sie durchleben es mit jeder Faser. Ihre Reaktionen sind oft stark und schwer zu kontrollieren, weil sie von innen nach außen brechen. Wer das Verhalten nur „erziehen" will, verkennt die Tiefe, aus der es kommt.

2. Gesteigerte Sinneswahrnehmung – eine Welt in Hochauflösung

Was für andere Kinder normal ist, kann für hochsensible Kinder eine regelrechte Reizflut bedeuten. Ein zu grelles Licht, ein synthetischer Stoff auf der Haut, der Geruch von Reinigungsmitteln in einem Raum, eine tickende Uhr – all das kann Reaktionen auslösen: Ablehnung, Rückzug, Wut, Weinen. Hochsensible Kinder filtern Sinneseindrücke anders – weniger. Sie verarbeiten sie umfassender, was zu schneller Erschöpfung führen kann. Das erklärt, warum manche Orte oder Situationen für diese Kinder schwer zu ertragen sind – nicht aus Trotz, sondern weil ihr System schlicht überlastet ist.

3. Tiefe Verarbeitung – wenn ein Erlebnis nicht einfach vorbei ist

Ein hochsensibles Kind erlebt eine Situation nicht nur im Moment – es denkt darüber nach, träumt davon, fragt nach, spürt nach. Ein Streit mit einem Freund kann noch Tage später seelisch wirken. Ein schiefer Blick eines Erwachsenen, den andere sofort vergessen, bleibt haften. Diese Tiefe in der Verarbeitung zeigt sich auch in intensiven Gedankengängen: „Warum ist der Himmel traurig, wenn es regnet?" oder „Was, wenn Mama mal nicht mehr da ist?" sind keine Spielereien, sondern echte, existenzielle Fragen. Diese Kinder *denken mit dem Herzen*.

4. Empathie und Gerechtigkeitssinn – die Welt mitfühlen

Oft spüren hochsensible Kinder, was andere empfinden, bevor diese es selbst in Worte fassen können. Sie weinen, wenn jemand verletzt wird – auch im Film. Sie können schlecht zusehen, wenn jemand ausgelacht wird, auch wenn sie nicht beteiligt sind. Der Gerechtigkeitssinn ist stark ausgeprägt – Ungleichbehandlung oder Unfairness verletzen sie tief. Gleichzeitig übernehmen sie oft Verantwortung für das emotionale Gleichgewicht in ihrer Umgebung. Sie wollen Harmonie herstellen – auf Kosten ihrer eigenen inneren Ruhe. Diese ständige emotionale Wachsamkeit ist eine besondere Gabe – aber auch eine Last.

5. Rückzugsbedürfnis und Reizvermeidung

Nach einem Kindergeburtstag, einem Ausflug oder einem Schulvormittag braucht ein hochsensibles Kind Rückzug. Ruhe.

Raum. Vielleicht reagiert es mit Weinen, Ablehnung, Schweigen oder Reizbarkeit – nicht weil es „zickig" ist, sondern weil es voll ist. Der innere „Speicher" ist überlastet. Auch bei positiven Erlebnissen tritt diese Erschöpfung auf – weil die Verarbeitung tiefgreifend ist. Rückzugsorte, Pausen und das Vermeiden von Überforderung sind zentrale Werkzeuge für mehr Stabilität.

6. Tiefe Fantasie und reiche innere Welt

Viele hochsensible Kinder erschaffen innere Landschaften voller Figuren, Geschichten, Farben und Gedanken. Sie spielen intensiv, oft allein, brauchen kein Spielzeug – nur ein Blatt Papier, ein paar Steine oder ihre Vorstellungskraft. Sie erzählen Geschichten mit erstaunlicher Tiefe, entwickeln komplexe Gedankengänge und zeigen kreative Lösungsansätze, wo andere aufhören zu denken. Diese Fantasie ist nicht Flucht, sondern Verarbeitung, Ausdruck, Gestaltung innerer Wahrheiten.

7. Perfektionismus und Selbstzweifel

Weil sie so genau wahrnehmen, erkennen hochsensible Kinder auch sehr schnell, *wenn etwas nicht stimmt*. Das kann dazu führen, dass sie hohe Erwartungen an sich selbst stellen – und sich selbst stark kritisieren, wenn sie diesen nicht gerecht werden. Schon in jungen Jahren zeigen sie Anzeichen von Selbstzweifel, Überforderung oder Versagensangst. „Ich kann das nicht gut genug", „Ich bin schuld" oder „Ich bin nicht richtig" sind Gedanken, die sie oft viel zu früh entwickeln. Hinter diesen Sätzen liegt ein tiefer Wunsch nach Sicherheit, Wertschätzung und Orientierung.

8. Soziale Sensibilität und selektives Bindungsverhalten

Hochsensible Kinder sind oft nicht schüchtern – sie sind

beobachtend. Bevor sie sich auf andere einlassen, prüfen sie genau: Fühle ich mich hier sicher? Ist diese Person mir zugewandt? Kann ich vertrauen? Sie binden sich dann oft sehr tief – manchmal an einzelne Erwachsene oder Freunde. In Gruppen sind sie manchmal ruhig, wirken unauffällig oder werden sogar übersehen. Nicht, weil sie nichts zu sagen hätten – sondern weil sie nicht einfach so in fremde Dynamiken eintauchen können. Sie brauchen Verbindung – keine Oberfläche.

Diese Merkmale zeigen: Hochsensibilität ist ein komplexes, aber sehr klares Muster. Kein Kind zeigt alle Anzeichen gleichermaßen stark – und doch ergibt sich aus den Beobachtungen ein stimmiges Bild. Wer bereit ist, das Verhalten seines Kindes nicht nur zu *korrigieren*, sondern zu *erforschen*, wird erkennen: Diese Kinder sind nicht zu empfindlich. Sie sind *sehr wach, sehr fein, sehr lebendig.*

Das Ziel ist nicht, sie zu „ändern". Das Ziel ist, sie in ihrer Eigenart so zu begleiten, dass sie ihre besonderen Stärken entfalten können – ohne sich ständig vor sich selbst schützen zu müssen.

1.3 Warum ist mein Kind hochsensibel?

Die Frage nach dem „Warum" ist zutiefst menschlich. Wenn Eltern bemerken, dass ihr Kind anders auf die Welt reagiert, wenn scheinbar normale Alltagssituationen plötzlich zu Krisen werden oder wenn sie sehen, dass ihr Kind leidet, weil es zu viel fühlt, zu viel wahrnimmt – dann entsteht fast zwangsläufig die Frage: *Warum ist mein Kind so? Was ist der Auslöser? Haben wir etwas falsch gemacht?*

Zunächst die wichtigste Antwort vorweg:
Hochsensibilität ist keine Folge von Erziehung, keinem Trauma, keiner Überbehütung. Sie ist keine Störung und kein Defizit. Sie ist eine angeborene, tief in der Persönlichkeit verankerte Eigenschaft.

---

1. Eine besondere genetische Disposition

Wissenschaftler gehen davon aus, dass Hochsensibilität in einem großen Teil genetisch veranlagt ist. Studien zeigen, dass hochsensible Kinder häufig auch hochsensible Eltern oder Großeltern haben – auch wenn sich das in jeder Generation unterschiedlich zeigen kann. Das bedeutet: Die erhöhte Reizempfindlichkeit, die emotionale Tiefe und die differenzierte Wahrnehmung sind keine „Fehlentwicklungen", sondern biologische Varianten – ähnlich wie eine besondere Begabung oder eine bestimmte körperliche Konstitution.

Das Nervensystem hochsensibler Kinder reagiert messbar stärker auf Reize. Ihre Amygdala – das Zentrum im Gehirn, das für emotionale Verarbeitung und Alarmreaktionen zuständig ist – ist häufig aktiver. Auch bestimmte Botenstoffe wie Dopamin oder Serotonin scheinen anders zu wirken oder sensibler auf Umweltfaktoren zu reagieren.

Hochsensibilität ist also fest im Temperament eines Kindes verankert – sie ist von Geburt an da und beeinflusst, wie das Kind denkt, fühlt, wahrnimmt und reagiert.

2. Hochsensibilität ist keine Folge von „zuviel Nähe" oder „Überfürsorglichkeit"

Ein weitverbreiteter Irrglaube ist, dass Kinder hochsensibel werden, weil sie zu sehr verwöhnt wurden, weil sie zu wenig Grenzen kennengelernt haben oder weil die Eltern zu „weich" mit ihnen umgegangen sind. Diese Annahme ist falsch und schädlich.

Ein Kind wird nicht hochsensibel, weil es geliebt, gehalten, verstanden und begleitet wurde. Im Gegenteil: Hochsensible Kinder *brauchen* genau das, um sich gesund entwickeln zu können. Die Ursache liegt nicht im Verhalten der Eltern, sondern in der natürlichen, angeborenen Ausstattung des Kindes.

Trotzdem kann das Umfeld entscheidend beeinflussen, **wie** ein hochsensibles Kind mit dieser Eigenschaft umgeht:

- Wird es ständig kritisiert, als „zu empfindlich" bezeichnet oder in seinem Sein abgewertet, kann es beginnen, sich selbst abzulehnen.

- Wird es hingegen gesehen, verstanden und in seiner Wahrnehmung ernst genommen, kann es lernen, seine

Sensibilität als Stärke zu empfinden und sich in einer lauten Welt besser abzugrenzen.

3. Die Rolle von frühkindlichen Erfahrungen

Auch wenn die Hochsensibilität an sich angeboren ist, können bestimmte Erfahrungen in der frühen Kindheit die Ausprägung verstärken oder abschwächen. Frühkindliche Sicherheit, Bindungserfahrungen, Stressbelastungen oder emotionale Spannungen wirken sich besonders stark auf hochsensible Kinder aus – weil sie intensiver aufnehmen und verarbeiten, was um sie herum geschieht.

Ein sensibles Baby, das in einem liebevollen, achtsamen Umfeld aufwächst, in dem es gesehen wird, kann seine Hochsensibilität stabil integrieren. Es fühlt sich sicher mit seinen starken Wahrnehmungen.
Ein Kind jedoch, das ständig Reize verarbeiten muss, ohne Halt zu finden – etwa durch Lärm, unregelmäßige Bezugspersonen oder überfordernde Situationen – kann schneller gestresst, ängstlich oder überreizt reagieren.

Frühkindliche Erfahrungen wirken wie ein Verstärker oder Puffer für die Hochsensibilität – sie *formen* nicht das Temperament, aber sie beeinflussen, wie gut das Kind damit umgehen kann.

4. Hochsensibilität als evolutionäre Stärke

Eine besonders spannende Perspektive eröffnet die Evolutionspsychologie. Sie geht davon aus, dass Hochsensibilität früher eine Überlebensvorteil war – in kleinen Gruppen war es essenziell, dass einige Mitglieder besonders wachsam, aufmerksam und feinfühlig waren. Sie spürten Gefahr schneller, nahmen Unstimmigkeiten wahr, waren gute Beobachter und soziale Vermittler.

Heute allerdings passt diese besondere Wahrnehmungsfähigkeit oft schlecht in eine Welt, die laut, schnell und reizintensiv geworden ist. Die Schule, der Kindergarten, der Alltag sind oft nicht auf die Bedürfnisse hochsensibler Kinder abgestimmt – was zur Folge hat, dass diese Kinder schneller erschöpft oder überfordert sind.

Doch die Fähigkeit zu intensiver Empathie, kreativer Tiefe, differenzierter Wahrnehmung und intuitivem Denken sind *große menschliche Stärken* – nicht Schwächen. Sie brauchen lediglich Raum und Verständnis, um sich entfalten zu dürfen.

---

5. Ursachen kompakt in einer Übersicht

Hier eine kurze tabellarische Zusammenfassung:

Einflussfaktor	Bedeutung für Hochsensibilität
Genetik	Vererbbare, neurologische Grundveranlagung
Neurologische Besonderheiten	Intensivere Reizverarbeitung, aktive Amygdala
Frühkindliche Bindungserfahrungen	Beeinflussen den Umgang mit der Sensibilität
Umweltreize	Können Hochsensibilität verstärken oder überfordern
Evolutionäre Perspektive	Hochsensibilität als früher nützliche Anpassung

Und was bedeutet das nun für dich als Elternteil?

Es bedeutet, dass du aufhören darfst, nach Schuld zu suchen. Du darfst dich befreien von dem Gedanken, du hättest dein Kind „zu weich" behandelt oder „zu wenig abgehärtet". Nichts davon ist wahr.

Dein Kind wurde mit einer besonderen Gabe geboren. Und dein liebevoller Blick, dein ehrliches Interesse, deine Bereitschaft, es zu begleiten – das ist der entscheidende Faktor, der darüber bestimmt, wie dein Kind mit dieser Gabe umgehen wird.

Nicht die Welt muss dein Kind verändern.
Aber du kannst ihm helfen, stark genug zu werden, in dieser Welt bei sich zu bleiben.

1.4 Die positiven Seiten der Hochsensibilität

Hochsensibilität wird oft zunächst als Herausforderung erlebt. Sie fällt auf, sie macht verletzlich, sie braucht viel Begleitung. Doch wenn wir tiefer blicken, erkennen wir: In dieser feinen Wahrnehmung, in dieser emotionalen Tiefe und Beobachtungsgabe liegt ein Schatz verborgen. Hochsensible Kinder bringen Eigenschaften mit, die in unserer Welt dringend gebraucht werden – und sie sind nicht selten die stillen Held*innen ihrer Generation.

1. Feine Intuition und hohe Wahrnehmungskompetenz

Hochsensible Kinder spüren nicht nur, *was* geschieht – sie begreifen, *was es bedeutet*. Sie erfassen Zwischentöne, unausgesprochene Stimmungen und subtile Veränderungen in ihrer Umgebung. Ihre Intuition ist oft erstaunlich treffsicher. Diese Gabe macht sie zu wertvollen „sozialen Kompassgebern" in Gruppen, weil sie schnell merken, wenn etwas aus dem Gleichgewicht gerät.

2. Empathie als tiefe Verbindung zur Welt

Ein mitfühlendes Herz, das wirklich versteht – nicht nur kognitiv, sondern *emotional mitschwingt*. Hochsensible Kinder fühlen mit einer Intensität, die berührt. Sie können sich tief in andere hineinversetzen, Trost spenden, oft bevor jemand um Hilfe bittet. Sie erkennen die Not hinter dem Lächeln, die Erschöpfung hinter dem „Mir geht's gut." Diese Kinder sind oft die ersten, die helfen, zuhören, mitweinen.

3. Kreativität und Fantasie – innere Räume voller Farben

In der Welt hochsensibler Kinder entstehen Geschichten, Bilder, Musik und Ideen, die außerhalb des Gewöhnlichen liegen. Ihre Vorstellungskraft ist lebendig, plastisch, oft bildhaft und intensiv. Sie verarbeiten ihre Wahrnehmungen auf künstlerische Weise – im Spiel, im Malen, im Erzählen. Viele kreative Genies unserer Zeit waren hochsensibel: Künstler, Dichter, Denker. In dieser inneren Welt liegt enorme Kraft – wenn sie Raum bekommt.

4. Tiefe Werteorientierung und innere Reife

Gerechtigkeit, Authentizität, Verantwortung – für viele hochsensible Kinder sind diese Werte nicht abstrakt, sondern emotional spürbar. Sie hinterfragen Dinge, die andere einfach hinnehmen. Sie können mit vier Jahren ernsthaft darüber nachdenken, ob es Tieren wehtut, wenn wir Fleisch essen, oder ob es traurig ist, wenn jemand alleine auf dem Pausenhof sitzt. Ihre ethische Tiefe ist beeindruckend und oft früh entwickelt.

5. Naturverbundenheit und Sinn für das Wesentliche

Viele hochsensible Kinder blühen in der Natur auf. Das Rauschen der Blätter, das Summen der Bienen, das Gefühl von Gras unter den Füßen beruhigt sie. Sie empfinden tiefe Freude in einfachen Dingen – im Beobachten eines Käfers, im Sammeln von Steinen, im Lauschen von Regentropfen. Sie erinnern uns an die Schönheit des Augenblicks und an das, was wirklich zählt.

Stärkenprofil hochsensibler Kinder (Tabellarische Übersicht)

Stärke	Beschreibung
Empathie	Tiefe Mitgefühl für andere, soziale Sensibilität
Intuition	Feines Gespür für Stimmungen, unausgesprochene Emotionen
Kreativität	Reiche Vorstellungskraft, kreative Ausdrucksformen in Kunst, Spiel oder Sprache
Werteorientierung	Starkes Gefühl für Gerechtigkeit, Verantwortung und moralisches Handeln
Beobachtungsgabe	Liebe zum Detail, achtsames Wahrnehmen von Veränderungen
Naturverbundenheit	Tiefe Verbindung zur Umwelt und zu natürlichen Rhythmen

Die Aufgabe von uns Erwachsenen ist es, diesen Kindern nicht das Gefühl zu geben, sie seien „zu viel" oder „nicht richtig", sondern ihnen zu zeigen: *Du bist genau richtig, wie du bist.*

Denn wenn hochsensible Kinder sich angenommen fühlen, wenn ihre Stärken gesehen und benannt werden, entwickeln sie ein stabiles, starkes Selbstwertgefühl. Sie lernen, ihre Grenzen zu schützen, ihre Empfindsamkeit zu ehren und mutig ihren eigenen Weg zu gehen.

Sie sind nicht die, die „lauter" werden müssen, um dazuzugehören.
Sie sind die, die *gehört werden dürfen*, weil ihre Stimme die Tiefe trägt, die diese Welt braucht.

Teil 2: Die emotionale Welt hochsensibler Kinder

2.1 Gefühle intensiver wahrnehmen

Kinder erleben die Welt durch ihre Gefühle. Sie tasten sich emotional an ihre Umgebung heran, orientieren sich an den Reaktionen der Erwachsenen, spüren in sich hinein, was sicher ist, was aufregt, was beruhigt. Hochsensible Kinder tun all das ebenfalls – aber mit einem viel empfindlicheren inneren Seismographen.

Ihre emotionale Wahrnehmung ist so fein, dass sie auf kleinste Veränderungen reagieren. Nicht nur in Bezug auf das, was von außen auf sie zukommt – wie etwa der Tonfall der Eltern, die Stimmung in einer Gruppe, eine unerwartete Situation –, sondern auch auf das, was in ihrem Inneren geschieht.

Sie fühlen schneller, sie fühlen tiefer, sie fühlen länger. Und oft können sie diese intensiven Gefühle noch nicht einordnen oder benennen – was in ihnen zu inneren Konflikten führen kann.

---

1. Emotionen als Wellen – nicht als Schalter

Viele Kinder erleben Gefühle wie Lichtschalter: an oder aus, da oder weg. Hochsensible Kinder hingegen erleben Emotionen wie Wellen: sie kommen, sie bauen sich auf, sie durchfluten den ganzen Körper – und sie gehen nicht so schnell wieder.

Diese Kinder weinen nicht nur, weil etwas passiert ist – sie *sind* das Weinen. Sie *werden* zur Traurigkeit. Oder zur Freude. Oder zur Wut. Das macht sie so verletzlich – und so lebendig.

Ein kurzer, unachtsamer Satz, ein enttäuschter Blick oder ein verlorenes Spiel kann eine lange Kette innerer Verarbeitung auslösen. Gleichzeitig ist auch Freude eine tiefgreifende Erfahrung: Sie strahlen, lachen aus vollem Herzen, zeigen echte Begeisterung.

Was wir also oft als „emotional labil" oder „zu sensibel" empfinden, ist in Wahrheit eine *hochdifferenzierte emotionale Resonanzfähigkeit*. Und diese Fähigkeit ist ein Schatz – auch wenn sie in der Kindheit manchmal überwältigend wirkt.

2. Das Problem mit dem Wort „zu"

Die meisten hochsensiblen Kinder haben – direkt oder indirekt – irgendwann diesen Satz gehört:
„Du bist *zu* sensibel."
„Du nimmst dir *zu* viel zu Herzen."
„Du bist einfach *zu* emotional."

Solche Aussagen graben sich tief ein. Sie vermitteln nicht nur, dass das Kind anders ist, sondern dass dieses Anderssein falsch sei.
Dabei liegt der Fehler nicht im Kind – sondern oft in unserem eigenen Mangel an emotionaler Sprache, Geduld und Verständnis.

Ein hochsensibles Kind spürt die Welt intensiver. Es hat das Bedürfnis, das Erlebte zu *verstehen*, einzuordnen, zu verarbeiten – bevor es weitermachen kann. Doch unsere Welt ist schnell, fordernd, laut. Gefühle sollen kurz sein, kontrolliert, und möglichst leise. Das ist für diese Kinder kaum zu erfüllen.

Umso wichtiger ist es, ihnen zu zeigen:

Du bist nicht *zu viel*. Du fühlst einfach mehr.

Und das ist nicht falsch – es ist ein Teil deiner Intelligenz.

3. Körperliche Reaktionen auf Emotionen

Bei hochsensiblen Kindern äußern sich Emotionen oft auch körperlich:

- Der Bauch tut weh vor Aufregung.

- Der Hals schnürt sich zu bei Angst.

- Das Herz klopft schnell bei Freude oder Unsicherheit.

- Die Hände zittern, das Gesicht errötet, sie bekommen plötzlich Kopfschmerzen.

Diese psychosomatischen Reaktionen sind nicht eingebildet – sie sind real. Denn bei hochsensiblen Kindern liegt die Schwelle, ab der ein Gefühl den Körper beeinflusst, deutlich niedriger.

Wichtig ist: Diese Signale sind nicht „Tricks", nicht Übertreibung, sondern Ausdruck einer sehr engen Verbindung zwischen Körper und Seele. Wer das erkennt, kann auf diese Symptome nicht mit Abwertung („Du hast doch nichts!"), sondern mit Achtsamkeit reagieren („Was fühlst du gerade? Wollen wir mal zusammen tief atmen?").

4. Gefühle ohne Worte – wenn die Sprache fehlt

Hochsensible Kinder spüren so viel – und doch fehlen ihnen oft die Worte dafür. Das führt zu innerer Not: Sie wissen, *dass* etwas in ihnen tobt, aber nicht, *was* es ist oder wie sie es ausdrücken sollen.

Deshalb reagieren sie manchmal mit Rückzug, Schweigen, Tränen oder Wutausbrüchen – weil sie keinen anderen Kanal finden.

Eltern können hier eine große Brücke bauen, indem sie helfen, Worte für das Erlebte zu finden. Das nennt man „emotionale Spiegelung". Statt zu sagen: „Jetzt beruhige dich", hilft es mehr zu sagen:
„Ich sehe, dass dich das gerade sehr traurig macht."
„Es sieht aus, als ob du wütend bist, stimmt das?"
„Ich glaube, du bist innerlich ganz aufgewühlt – und weißt gar nicht, wohin mit dir."

Solche Sätze helfen dem Kind, sich selbst zu erkennen. Und genau darin liegt der erste Schritt zu Selbstregulation.

---

5. Warum diese Intensität eine Stärke ist

Auch wenn es im Alltag oft anstrengend wirkt: Diese emotionale Tiefe ist eine *Begabung*. Menschen, die viel fühlen, verstehen mehr. Sie sind oft besonders gute Freunde, Partner, Mitmenschen. Sie besitzen emotionale Intelligenz – die Fähigkeit, andere zu verstehen, zu verbinden, zu heilen.

> Wenn wir unsere Kinder unterstützen, in dieser Tiefe standzuhalten, sie nicht zu fürchten, sondern zu *lernen*, mit ihr umzugehen, dann helfen wir ihnen nicht nur kurzfristig – wir rüsten sie mit Werkzeugen aus, die ihr ganzes Leben tragen werden.

2.2 Empathie als besondere Gabe

In der stillen Beobachtung, im feinen Lauschen, im genauen Spüren liegt etwas, das in hochsensiblen Kindern ganz besonders ausgeprägt ist: **Empathie**. Diese Kinder nehmen nicht nur wahr, was in ihnen selbst geschieht – sie nehmen auch auf, was in anderen lebt. Gefühle anderer Menschen wirken auf sie wie Wellen, die durch sie hindurchrauschen, ohne dass sie sich davor schützen können.

Was viele Erwachsene erst durch langes Leben lernen, bringen hochsensible Kinder von Beginn an mit: **die Fähigkeit, mitzufühlen** – tief, ehrlich, manchmal bis zur Selbstaufgabe.

1. Was ist Empathie überhaupt – und wie zeigt sie sich?

Empathie ist die Fähigkeit, sich in einen anderen Menschen hineinzuversetzen – seine Gefühle, seine Gedanken, seine Perspektive nachzuvollziehen. Es ist die Kunst des Mitfühlens, nicht des Mitleidens.

Bei hochsensiblen Kindern zeigt sich Empathie nicht nur in Worten, sondern vor allem in ihrem Verhalten:

- Sie bemerken, wenn andere traurig sind, noch bevor ein Wort gesagt wurde.

- Sie schenken dem Kind, das ausgegrenzt wird, ein Lächeln oder setzen sich dazu.

- Sie fragen: „Geht es dir gut?" – nicht aus Höflichkeit, sondern aus echter Sorge.

- Sie wollen trösten, wenn jemand weint – mit einer Berührung, einem Kuscheltier, einer Geste.

Diese Kinder **lesen zwischen den Zeilen**, erfassen die Stimmung im Raum, spüren Disharmonie, selbst wenn alle lächeln. Ihre emotionale Antenne ist ständig auf Empfang.

---

2. Warum Empathie manchmal zur Last wird

Was auf den ersten Blick wunderschön klingt – und es in vielen Momenten auch ist – kann für hochsensible Kinder auch zu einer großen Herausforderung werden. Denn sie fühlen nicht nur mit, sie *übernehmen*. Sie nehmen das Leid anderer in sich auf, tragen es mit, vermischen es mit ihren eigenen Gefühlen.

Das kann so weit gehen, dass sie:

- sich für Dinge verantwortlich fühlen, die nicht ihre Aufgabe sind,

- sich selbst aus den Augen verlieren, weil sie sich ständig anpassen,

- nicht mehr unterscheiden können: *Ist das mein Gefühl oder das des anderen?*

Solche Kinder sind in Gruppen oft überfordert. Wenn fünf Kinder durcheinanderreden, eines wütend ist, eines traurig, eines aufgedreht – dann spürt das hochsensible Kind alles gleichzeitig. Und es weiß oft nicht, wie es damit umgehen soll.

Diese Empathie ist wie ein großes, offenes Fenster zur Welt – aber ohne Vorhang, ohne Filter, ohne Schutz.

3. Wie du dein Kind stärken kannst, ohne seine Empathie zu unterdrücken

Empathie ist eine Gabe. Aber sie braucht Grenzen. Kinder müssen lernen:

- Dass sie mitfühlen dürfen, **ohne zu übernehmen**.

- Dass sie helfen dürfen, **ohne sich selbst zu verlieren**.

- Dass sie trösten dürfen, **aber nicht alles heilen müssen**.

Eltern spielen hier eine zentrale Rolle. Indem du dein Kind dabei unterstützt, Gefühle zu benennen, zu unterscheiden ("Das ist dein Gefühl. Und das gehört zum anderen."), hilfst du ihm, innere Klarheit zu gewinnen. Du kannst es auch ermutigen, sich *abzugrenzen*, ohne hart zu werden. Zum Beispiel durch Rituale, durch Pausen, durch das bewusste Loslassen von fremden Sorgen.

Manchmal hilft ein einfaches Bild:
„Stell dir vor, du bist wie ein Baum. Andere können sich an dich lehnen, aber du musst nicht jeden Sturm mit ihnen aushalten." Solche inneren Bilder können hochsensiblen Kindern helfen, sich besser zu orientieren.

---

4. Empathie als Kraft für die Zukunft

Viele Menschen mit großer sozialer Intelligenz, mit Führungsqualitäten, mit heilender Ausstrahlung waren in ihrer Kindheit hochsensibel. Empathie ist ein Zukunftswert. In einer Welt, die oft an Leistung, Effektivität und Geschwindigkeit misst, braucht es Menschen, die spüren, was andere brauchen – die verbinden, zuhören, innehalten.

Hochsensible Kinder sind oft diese Menschen. Wenn sie lernen, ihre Empathie bewusst einzusetzen, ohne sich selbst zu erschöpfen, können sie große Dinge bewegen:

- Sie werden Friedensstifter*innen.

- Sie werden Lehrer*innen, Therapeut*innen, Künstler*innen, die mitfühlen.

- Sie werden Eltern, Partner*innen, Freunde, die *wirklich da sind*.

Tabelle: Empathie im Alltag hochsensibler Kinder

Verhalten	Was dahintersteckt
Möchte helfen, wenn jemand traurig ist	Echtes Mitgefühl – manchmal mit dem Wunsch, Schmerz zu „lösen"
Reagiert heftig auf Streit unter anderen	Innere Überforderung durch emotionale Spannungen
Zieht sich zurück nach Gruppensituationen	Emotionale Erschöpfung durch zu viele fremde Gefühle
Weint, wenn andere weinen (auch im Film)	Emotionale Spiegelung – Übernahme fremder Gefühle
Fragt ständig, ob es anderen gut geht	Sorge, Verantwortung, emotionales Kontrollbedürfnis

---

Ein Satz, der dein Kind stark macht

„Du fühlst viel – und das ist ein Geschenk. Aber du musst nicht alles tragen."

Empathie braucht Raum. Aber auch eine Umarmung. Eine schützende Hand. Die Erlaubnis, auch mal *nicht* mitzufühlen.

Denn in einem Kind, das fühlt, wächst ein Mensch, der verbindet.

2.3 Herausforderungen im Umgang mit Emotionen

Hochsensible Kinder spüren viel – oft mehr, als sie selbst verstehen oder einordnen können. Diese Fülle an Empfindungen ist ein Geschenk, aber auch eine tägliche Herausforderung. Denn Emotionen kommen nicht geordnet, nicht dosiert, nicht planbar – sie überrollen, durchdringen, verwirren.

Ein hochsensibles Kind steht also nicht selten wie vor einer Welle, die plötzlich über ihm zusammenschlägt. Es fühlt Angst, Wut, Scham, Trauer – manchmal gleichzeitig. Es will verstanden werden, ohne die richtigen Worte zu finden. Es will Nähe und Rückzug zugleich.

Für Eltern kann das verunsichernd, manchmal auch überfordernd sein. Doch wenn wir begreifen, was in diesen Momenten innerlich passiert, entsteht ein Raum für Mitgefühl und hilfreiche Begleitung.

---

1. Die emotionale Wucht begreifen

Hochsensible Kinder erleben Emotionen in einer Intensität, die wir Erwachsenen kaum nachempfinden können.

- Wut ist nicht nur Ärger – sie ist ein inneres Zerreißen.

- Traurigkeit ist nicht nur ein Tränchen – sie ist ein Gefühl von tiefer Verlorenheit.

- Scham ist nicht bloß ein roter Kopf – sondern der Wunsch, zu verschwinden.

Solche Emotionen sind so stark, dass sie die Fähigkeit zur Selbststeuerung lahmlegen können. Das führt zu:

- plötzlichem Weinen,

- Rückzug in sich selbst,

- „Klammern" an Bezugspersonen,

- scheinbar grundlosem Widerstand,

- oder Wutausbrüchen, die wie kleine Gewitter über die Familie hereinbrechen.

All das sind keine Zeichen von Unreife oder Trotz, sondern Ausdruck eines Systems, das überfordert ist – und nach einem Ventil sucht.

2. Der Kreislauf der Überforderung

Viele dieser Kinder befinden sich in einem Teufelskreis:

1. Sie nehmen intensiv wahr.

2. Sie reagieren emotional stark.

3. Ihr Umfeld versteht sie nicht (oder reagiert gereizt).

4. Sie erleben Scham, Rückzug, Frustration.

5. Sie fühlen sich falsch – und erleben erneut intensive Emotionen.

Ohne äußere Unterstützung ist dieser Kreislauf schwer zu durchbrechen. Was sie brauchen, ist nicht Kontrolle – sondern **Co-Regulation**: eine erwachsene Bezugsperson, die mit ihnen *durch* das Gefühl geht, statt dagegen anzukämpfen.

3. Wie Eltern helfen können – und wann sie überfordern

Kinder brauchen nicht, dass wir ihre Gefühle *lösen*, sondern dass wir sie *halten*. Das bedeutet:

- Ruhig bleiben, auch wenn das Kind wütet oder weint.
- Die Emotion anerkennen: „Ich sehe, wie aufgewühlt du bist."
- Nicht sofort erklären oder belehren – sondern erst *da sein*.
- Körperkontakt anbieten (wenn das Kind es zulässt).
- Raum geben für Rückzug, ohne Strafe.

Gleichzeitig gilt: Auch liebevolle Eltern können überfordern – etwa, wenn sie:

- zu viele Fragen stellen („Warum bist du traurig?"),
- die Emotion kleinreden („Das ist doch nicht so schlimm!"),
- Druck machen, dass das Kind sich „zusammenreißt",
- das Kind mit Reizen überfluten, obwohl es gerade Rückzug bräuchte.

---

4. Emotionale Entwicklung braucht Geduld – nicht Perfektion

Oft dauert es Jahre, bis ein Kind lernt, seine Gefühle differenziert wahrzunehmen und zu benennen. Bei hochsensiblen Kindern ist dieser Weg oft noch länger – einfach, weil sie mehr fühlen und tiefer verarbeiten.

Eltern sollten sich nicht unter Druck setzen, alles „richtig" machen zu müssen. Es reicht, da zu sein. Immer wieder. Aufmerksam. Mit offenem Herzen.

Denn: Jeder Moment, in dem ein Kind erlebt „Ich darf fühlen – und werde trotzdem geliebt", stärkt seine emotionale Kompetenz.

5. Kleine Strategien mit großer Wirkung

Hier einige konkrete Ideen, die helfen können:

Situation	Mögliche Hilfe
Kind ist wütend, schreit	Nicht diskutieren. Still bleiben. Boden anbieten. „Ich bin hier, wenn du bereit bist."
Kind zieht sich zurück, ist still	Nähe anbieten ohne Druck. Z. B. gemeinsam malen, kuscheln, einfach da sein.
Kind ist überreizt	Licht dimmen, Lärm reduzieren, ruhige Ecke anbieten – keine weiteren Reize zufügen.
Kind weint heftig	Sanfte Berührung, tiefes Atmen, „Ich sehe dich. Du bist nicht allein."
Kind hat keine Worte für Gefühle	Gefühlsbilder anbieten („War das wie eine dunkle Wolke in dir?"), kreativ ausdrücken lassen.

2.4 Ängste und Überforderung frühzeitig erkennen

Hochsensible Kinder leben in einer Welt, die für sie lauter, dichter, fordernder ist als für andere. Sie nehmen intensiver wahr, denken tiefer nach und fühlen mit jeder Faser. Was für andere Kinder vielleicht nur eine kleine Unruhe ist, kann für sie wie ein innerer Sturm wirken.

Inmitten dieser sensiblen Wahrnehmung entsteht oft eines der größten Themen hochsensibler Kinder: **die Angst**.
Nicht die panische, dramatische Angst, sondern die stille, nagende, durchdringende – oft unsichtbar nach außen, aber gewaltig spürbar im Innern.

---

1. Wie sich Angst bei hochsensiblen Kindern zeigt

Ängste sind bei Kindern ein natürlicher Bestandteil der Entwicklung. Doch bei hochsensiblen Kindern treten sie häufig:

- **früher** auf,

- **intensiver** auf,

- und halten oft **länger** an.

Wichtig ist: Diese Kinder haben nicht mehr *Phantasie*, sie haben mehr *Bewusstsein*. Sie erfassen Gefahren, Unsicherheiten und Unbekanntes oft tiefer – und dadurch entstehen Ängste, die manchmal ungewöhnlich reflektiert erscheinen.

Typische Ängste hochsensibler Kinder:

- Angst vor Trennung (von Bezugspersonen)

- Angst vor dem Alleinsein

- Angst vor dem Tod (auch früh schon!)

- Angst vor Fehlern, Bewertung oder Ablehnung

- Angst vor lauten Geräuschen oder Menschenmengen

- Angst vor Neuem, Veränderungen oder Ungewissheit

Körpersymptome sind oft die ersten Hinweise:

- Bauchschmerzen

- Übelkeit ohne körperliche Ursache

- Schlafprobleme

- Zittern, Herzklopfen

- Nägelkauen, Hautknibbeln, Rückzug

---

2. Angst ist keine Schwäche – sie ist ein Schutzmechanismus

Es ist wichtig zu verstehen: Hochsensible Kinder haben ein **niedrigeres inneres Reiz-Verarbeitungslimit**. Sie merken früher, wenn etwas „nicht stimmt". Ihr Nervensystem arbeitet wie ein Frühwarnsystem.

Wenn dieses System Gefahr spürt – sei es ein Streit, ein Geräusch, eine Veränderung – springt es an. Das kann sich anfühlen wie innere Alarmbereitschaft: Das Kind wird unruhig, verspannt, wachsam. Oder es zieht sich zurück.

Angst will nicht schaden. Sie will schützen. Doch wenn die Welt dauerhaft zu „laut" ist, lernt das Kind: *Ich bin nicht sicher.* Und wenn wir nicht gut begleiten, wird diese Angst chronisch – und tief verankert im Selbstbild.

3. Überforderung erkennen, bevor sie eskaliert

Ein häufig übersehener Punkt: Überforderung und Angst sind bei hochsensiblen Kindern eng miteinander verwoben. Viele sogenannte „Verhaltensauffälligkeiten" sind in Wahrheit nichts anderes als Ausdruck eines Systems in **dauerhafter Überlastung**.

Erkennbare Zeichen:

Anzeichen	Was es bedeuten kann
Gereiztheit, „Wutausbrüche"	Zu viele Reize, zu wenig Pause – Reizüberflutung
Plötzlicher Rückzug	Bedürfnis nach Schutz, Regulation – innere Alarmbereitschaft
Weinen ohne erkennbaren Anlass	Emotionale Erschöpfung, innerer Druckabbau
Schlafprobleme	Nervensystem in Anspannung, Gedankenkarussell
Vermehrte körperliche Symptome	Somatisierung von psychischer Belastung (z. B. Bauchweh, Kopfschmerz)

Je früher du diese Zeichen erkennst, desto leichter kann dein Kind wieder in die Balance finden.

4. Was Eltern tun können: Halt geben ohne zu drängen

Hochsensible Kinder brauchen nicht weniger Herausforderung – sie brauchen mehr *Sicherheit im Umgang mit Unsicherheit*. Sie dürfen lernen, dass Angst ein Signal ist – aber kein Feind.

Wichtig sind:

- **Rituale der Beruhigung**: ein abendliches Gespräch, ein kleines Schutzsymbol, vertraute Abläufe.

- **Sprache für Ängste**: Gefühle benennen („Fühlt sich das gerade eng an in dir?"), Bilder nutzen („Wie groß ist die Angst heute – ein Kiesel oder ein Felsen?").

- **Grenzen der Welt erklären**: z. B. „Ja, wir werden alle einmal sterben – aber jetzt leben wir. Und das tun wir zusammen."

- **Lösungen gemeinsam entwickeln**: dem Kind ermöglichen, selbst mitzugestalten („Was würde dir helfen, wenn du Angst hast?").

> Ein Kind, das erfährt: „Meine Angst darf da sein – und ich werde trotzdem gehalten", gewinnt Vertrauen. Nicht nur in dich, sondern auch in sich selbst.

5. Angst verwandeln – mit liebevoller Begleitung

Angst lässt sich nicht einfach „wegmachen". Aber sie kann sich verwandeln – in Wachsamkeit, in Mitgefühl, in Verantwortung. Kinder, die Ängste durchlebt und gehalten bekommen haben, entwickeln oft:

- eine tiefere Resilienz,

- Mitgefühl für andere Ängstliche,

- und eine große innere Stärke, wenn sie sich sicher fühlen dürfen.

Sie werden nicht mutig *trotz* ihrer Angst, sondern *durch sie hindurch*.

Teil 3: Selbstregulation fördern – Den inneren Halt finden

3.1 Warum Selbstregulation so wichtig ist

Ein hochsensibles Kind zu begleiten, bedeutet nicht nur, es vor Reizüberflutung zu schützen oder seine Gefühlswelt zu verstehen – es bedeutet auch, es in die eigene Kraft zu führen. Und das geschieht vor allem über eine zentrale Fähigkeit: die **Selbstregulation**.

Selbstregulation ist die Kunst, mit inneren Spannungen, Gefühlen und Impulsen so umzugehen, dass sie uns nicht überrollen, sondern getragen und verarbeitet werden können. Es ist der innere Anker, das seelische Gleichgewicht, das uns auch in schwierigen Momenten handlungsfähig bleiben lässt.

Für hochsensible Kinder ist diese Fähigkeit oft **besonders herausfordernd**, denn sie haben:

- mehr Input (durch intensivere Wahrnehmung),
- stärkere emotionale Reaktionen,
- und oft weniger Strategien, um diese zu verarbeiten.

---

1. Was bedeutet Selbstregulation überhaupt?

Selbstregulation umfasst mehrere Ebenen:

- **Emotionale Regulation**: Gefühle benennen, einordnen und steuern

- **Körperliche Regulation**: Auf innere Anspannung reagieren, Stress abbauen

- **Soziale Regulation**: In Kontakt bleiben, auch wenn Konflikte oder Spannungen da sind

- **Aufmerksamkeitssteuerung**: Fokus halten oder gezielt wechseln können

- **Impulskontrolle**: Nicht sofort auf jeden Reiz reagieren

Ein Kind, das sich selbst regulieren kann, entwickelt mehr Sicherheit in sich selbst. Es lernt: *Ich kann etwas fühlen – und bleibe trotzdem in mir zu Hause.*

2. Warum Selbstregulation bei hochsensiblen Kindern schwieriger ist

Das Nervensystem hochsensibler Kinder verarbeitet mehr – und braucht dadurch auch **mehr Zeit und mehr Strategien**, um in die Ruhe zurückzufinden.

- Ein lauter Raum, ein Konflikt, eine kleine Ungerechtigkeit kann sie so stark belasten, dass sie aus dem Gleichgewicht geraten.

- Gleichzeitig sind sie oft so sehr mit äußeren Eindrücken beschäftigt, dass sie kaum lernen, nach innen zu spüren: *Was brauche ich jetzt?*

- Die Verbindung zu sich selbst – dem eigenen Inneren – wird oft überlagert von all dem, was von außen kommt.

Die Folge: Das Kind kann nicht gut spüren, wann es genug hat, wann es eine Pause braucht, wann es sich abgrenzen muss. Es lebt im Dauerempfang. Und genau hier beginnt die Arbeit der Selbstregulation.

3. Selbstregulation ist erlernbar – aber nicht durch Druck

Ein Kind, das überfordert ist, kann sich nicht „zusammenreißen". Es braucht kein „Reiß dich mal zusammen" – es braucht eine Brücke.

Selbstregulation entsteht durch **Co-Regulation**. Das bedeutet: Das Kind lernt, sich selbst zu beruhigen, **indem es erlebt**, wie ein Erwachsener es in seiner Emotion *aushält*, *spiegelt* und *begleitet*.

Jeder Moment, in dem du deinem Kind sagst:
„Ich sehe dich. Deine Wut ist groß. Ich bleibe bei dir."
hilft dem Kind, in sich selbst ein Gefühl von Sicherheit aufzubauen.

Das Kind merkt:
Ich muss nicht gegen mein Gefühl kämpfen – ich darf es fühlen, und trotzdem geht es weiter.

4. Was Eltern konkret tun können

Selbstregulation beginnt nicht in der Krise, sondern **im Alltag**. Je mehr ein Kind sich sicher, verstanden und gehalten fühlt, desto stabiler wird sein inneres Gleichgewicht.

Tägliche Bausteine für Selbstregulation:

Baustein	Wirkung
Rituale und Routinen	Geben Orientierung, beruhigen das Nervensystem
Ruheinseln schaffen	Rückzugsmöglichkeiten helfen bei Reizüberflutung
Gefühlswörter nutzen	Unterstützt das Benennen und Einordnen von Emotionen
Achtsame Berührung	Körperkontakt reguliert über das Nervensystem
Bewegung	Stressabbau durch Toben, Tanzen, Klettern, Schaukeln
Atmen & Visualisieren	Stärkt die Verbindung zum Körper, reduziert innere Unruhe
Spielerisches Lernen	Emotionale Regulation wird über Spiel erfahrbar und weniger bedrohlich

5. Selbstregulation heißt nicht: immer ruhig bleiben

Ein Missverständnis: Selbstregulation bedeutet nicht, dass ein Kind immer ausgeglichen, höflich und „angepasst" sein muss. Selbstregulation heißt vielmehr:

- Wut fühlen dürfen – ohne jemanden zu verletzen

- Angst haben dürfen – und sich trotzdem zeigen

- Rückzug brauchen dürfen – ohne Scham

47

- Trauer empfinden – ohne sich selbst zu verlieren

Es geht um **Selbstführung**, nicht um Selbstkontrolle.
Ein Kind, das gelernt hat, mit sich selbst liebevoll umzugehen, wird auch mit anderen achtsamer, klarer und verbindlicher in Beziehung treten.

---

6. Selbstregulation beginnt bei den Erwachsenen

Die vielleicht wichtigste Erkenntnis: Kinder übernehmen das, was wir ihnen vorleben.
Wenn du selbst oft über deine Grenzen gehst, dich ständig zusammenreißt oder deine Gefühle verdrängst, lernt dein Kind, dass genau das „normal" ist.

Wenn du hingegen:

- Deine eigenen Bedürfnisse achtsam wahrnimmst,

- Dir Pausen zugestehst,

- Gefühle ausdrückst, ohne zu eskalieren,

- Ruhe suchst, wenn es laut wird –

… dann zeigst du deinem Kind, wie Selbstregulation geht.

3.2 Ruheinseln und Rückzugsorte schaffen

In einer Welt, die laut, schnell und oft reizüberflutend ist, brauchen hochsensible Kinder eines mehr als alles andere: **geschützte Räume**. Orte, an denen sie sein dürfen, wie sie sind. Orte, an denen sie nicht funktionieren müssen. Orte, an denen ihr Nervensystem durchatmen kann.

Diese Räume sind keine Flucht – sie sind Voraussetzung für emotionale Stabilität. Sie sind wie ein sicherer Hafen, in dem das Kind zur Ruhe kommt, Kraft sammelt und sich wieder mit sich selbst verbinden kann.

Ein hochsensibles Kind braucht solche Ruheinseln nicht nur gelegentlich – es braucht sie regelmäßig, verlässlich und liebevoll gestaltet.

1. Warum Rückzug nicht gleich Rückzug ist

Wenn ein Kind sich zurückzieht, hat das viele mögliche Gründe:

- Es ist **überreizt**: zu viele Menschen, Geräusche, Informationen

- Es ist **emotional erschöpft**: zu viele Eindrücke, Konflikte, ungelöste Gefühle

- Es will **verarbeiten**: Dinge innerlich sortieren, nachdenken

- Es sehnt sich nach **sich selbst**: nach einem Moment ohne Anforderungen

Hochsensible Kinder erleben all diese Zustände häufiger – und brauchen deshalb bewusste Momente des Alleinseins. Doch wichtig ist:

Rückzug ist kein Zeichen von Schwäche. Es ist ein Zeichen innerer Selbstfürsorge.

---

2. Wie Eltern Ruheinseln gestalten können

Eine Ruheinsel muss nicht groß sein – aber sie braucht:

- **Verlässlichkeit**: Das Kind muss wissen, dass dieser Ort „ihm gehört".

- **Geborgenheit**: Weiche Materialien, gedämpftes Licht, vielleicht ein Stofftier, ein Kissen.

- **Reizarmut**: Kein Fernseher, keine grellen Farben, keine Geräuschquellen.

- **Selbstbestimmung**: Das Kind darf entscheiden, wann es den Ort nutzt – und wann nicht.

Hier einige konkrete Ideen:

Ruheinsel-Idee	Beschreibung
Lese- oder Kuschelecke	Mit Decken, Polstern, gedämpftem Licht – ein Ort zum Rückziehen
Kleines Zelt im Kinderzimmer	„Höhle" zum Alleinsein, Tagebuch schreiben, Hörbuch hören
Fensterplatz mit Ausblick	Ein Ort zum Beobachten und Träumen

Ruheinsel-Idee	Beschreibung
„Ich-Zeit"-Box	Kiste mit ruhigen Beschäftigungen (z. B. Malen, Kneten, Steine)
Fester Platz bei den Eltern	Z. B. ein Sessel mit Decke in der Nähe von Mama/Papa

3. Rituale des Rückzugs im Alltag

Rückzug darf nicht als Reaktion auf Überforderung kommen – idealerweise ist er ein fester Bestandteil des Alltags. Das Kind lernt so: *Ich darf mich ausruhen, bevor es zu viel wird.*

Beispiele:

- **Nach dem Kindergarten**: Erst 15 Minuten ins „Ruheplätzchen", bevor erzählt oder gespielt wird.

- **Vor dem Abendessen**: Eine ruhige Geschichte im Bett hören, runterkommen.

- **Nach Streit oder Wut**: Nicht sofort reden – sondern erst in den Rückzug gehen dürfen.

Diese Rituale helfen dem Kind, sich selbst besser zu spüren: *Was brauche ich gerade? Wie kann ich für mich sorgen?*

4. Der Unterschied zwischen Rückzug und Isolation

Manche Eltern sorgen sich, dass ihr Kind sich „zu oft zurückzieht" oder „zu still" wird. Doch es gibt einen wichtigen Unterschied:

51

- **Gesunder Rückzug** ist gewollt, erholsam und endet freiwillig.

- **Unfreiwillige Isolation** entsteht aus Angst, Scham oder Überforderung – und ist langfristig belastend.

Wenn ein Kind **nicht mehr zurückkehrt**, sich abschottet, nicht mehr ansprechbar ist oder keinen Zugang mehr zu seinem Inneren findet, braucht es Hilfe. In solchen Fällen ist der Rückzug ein Zeichen für emotionale Überforderung, nicht für Selbstfürsorge.

Anzeichen für gesunden Rückzug:

- Das Kind wirkt nach der Rückzugszeit ausgeglichener

- Es kann benennen, warum es allein sein möchte

- Es sucht danach wieder Kontakt

- Es nutzt die Zeit für beruhigende Tätigkeiten (Malen, Träumen, Kuscheln)

5. Auch unterwegs Rückzugsräume ermöglichen

Nicht nur zu Hause – auch in Kita, Schule oder auf Reisen brauchen hochsensible Kinder kleine Rückzugsstrategien:

- **Geräuschdämmende Kopfhörer** bei Ausflügen oder lauten Umgebungen

- **Ein kleines Tuch oder Symbol** als Zeichen: „Ich will kurz allein sein"

- **Ruhevereinbarungen** mit der Lehrkraft (z. B. in der Leseecke bleiben dürfen)

- **Pausenzeit mit Kuscheltier oder Buch** statt
  Gruppenaktivität

Je mehr ein Kind lernt: *Ich darf für meine Grenzen sorgen*, desto mehr innere Stärke entwickelt es.

---

6. Die tiefe Botschaft dahinter

Wenn du deinem Kind einen Rückzugsort gestaltest, sagst du ihm auf nonverbale Weise:

„Du musst nicht immer stark sein. Du darfst dich schützen. Und ich bleibe da, während du auftankst."

> Das ist eine machtvolle Botschaft. Sie bedeutet: *Du darfst ganz du sein.* Und das ist das größte Geschenk, das du einem hochsensiblen Kind machen kannst.

3.3 Die Bedeutung von Routinen und Ritualen

Für hochsensible Kinder ist das Leben oft wie ein Strom – voller Reize, Unvorhersehbarkeiten, Anforderungen und Emotionen. Sie werden schneller überwältigt, spüren intensiver, was um sie herum geschieht, und benötigen mehr Zeit, um zu verarbeiten.

Was ihnen dabei inneren Halt geben kann, ist nicht Kontrolle – sondern **Verlässlichkeit**.
Und genau hier kommen Routinen und Rituale ins Spiel.

---

1. Warum Struktur Sicherheit schafft

Die Welt hochsensibler Kinder ist niemals neutral. Jeder Tag bringt neue Reize: Geräusche, Gespräche, soziale Spannungen, neue Eindrücke.
In einer solchen Welt wird **Wiederholung zur Rettung**.

Eine immer wiederkehrende Handlung – ein Morgenritual, ein Abschiedsgruß, eine Einschlafgeschichte – ist für ein hochsensibles Nervensystem wie ein Anker: vertraut, beruhigend, stabilisierend.

Kinder, die wissen, was als Nächstes kommt, müssen **weniger verarbeiten**. Sie können ihre Energie auf das Erleben richten – nicht auf die Bewältigung der Unsicherheit.

---

2. Der Unterschied zwischen Routine und starrem Ablauf

Wichtig ist: Eine gute Routine ist **flexibel** und **lebendig** – keine strenge Taktung oder angespannte Disziplin. Sie gibt

Orientierung, keine Enge. Sie darf angepasst werden, wenn das Kind älter wird oder sich Bedürfnisse verändern.

Es geht nicht darum, dass alles „nach Plan" läuft – sondern dass es **einen Rahmen gibt**, der das Kind hält. Innerlich wie äußerlich.

3. Alltagsroutinen, die besonders hilfreich sind

Hier sind Beispiele für kleine, aber wirkungsvolle Rituale und Routinen, die hochsensible Kinder stärken:

Zeitpunkt	Beispiel-Ritual
Morgens	Weckritual mit leiser Musik, Licht langsam heller, Begrüßung mit Umarmung
Vor dem Verlassen	Fester Abschiedsgruß mit Symbol (z. B. Handherz, Kuss auf Handrücken „für später")
Mittags	„Ankommen"-Ritual: 10 Minuten Ruhe, Kuschelecke, Lieblingstier
Abends	Wiederkehrende Reihenfolge (Zähne, Waschen, Geschichte, Lichtritual)
Bei Konflikten	Gemeinsamer Rückzug + Versöhnungsgeste (z. B. Hand aufs Herz)

4. Rituale zur emotionalen Selbstregulation

Rituale helfen nicht nur im Tagesablauf – sie können auch Werkzeuge sein, um mit schwierigen Gefühlen besser umzugehen. Sie geben dem Kind **symbolische Handlungen**, die dabei helfen, sich innerlich zu beruhigen:

- **„Gefühlsglas"**: Das Kind darf Murmeln in ein Glas legen – für jedes Gefühl eine. Danach wird gemeinsam „hineingeschaut".

- **„Wutfächer"**: Ein Fächer aus Karten, jede mit einer Möglichkeit: Schreien, Kissen hauen, atmen, malen, Musik hören.

- **„Sorgenbriefkasten"**: Das Kind schreibt/diktiert Sorgen auf Zettel und wirft sie in eine kleine Box. Einmal pro Woche werden sie gemeinsam angeschaut – oder symbolisch „verbrannt" oder „weggepustet".

Diese Rituale helfen, Emotionen zu externalisieren – also nach außen zu bringen. Das Kind lernt: *Ich kann mit meinem Gefühl etwas machen. Ich bin ihm nicht ausgeliefert.*

5. Rituale als Beziehungspflege

Rituale verbinden. Sie schaffen emotionale Brücken – zwischen Kind und Eltern, zwischen dem Innen und dem Außen.

Ein liebevolles Ritual sagt:
„Ich sehe dich. Ich bin da. Jeden Tag aufs Neue."

Das kann ein Lied sein, das nur für dein Kind gesungen wird. Ein fester Ort, an dem man sich nach einem Streit wiederfindet. Ein Satz, den ihr euch immer sagt, bevor ihr euch trennt.

Diese kleinen Gesten sind **emotional stärkender als jedes Erziehungsgespräch**. Denn sie sprechen die Sprache der Verbindung.

6. Übergangsrituale bei Veränderungen

Hochsensible Kinder tun sich schwer mit Veränderungen. Ob Schulanfang, Umzug, neue Bezugsperson – jeder Übergang ist mit Unsicherheit verbunden.

Hier helfen sogenannte **Übergangsrituale**, zum Beispiel:

- **Symbolischer Stein**: Das Kind darf bei Veränderung einen Stein auswählen und mitnehmen – als „Stabilitätsanker".

- **Verwandlungskarte**: Eine Zeichnung, die zeigt, wie das Kind mutiger wird – sie wird täglich angeschaut.

- **Mutglas**: Jeden Abend kommt ein Zettel mit etwas Mutigem ins Glas. Nach einer Woche wird daraus vorgelesen.

Durch solche Rituale wird aus Angst eine Geschichte – und aus Unsicherheit ein Wachstumsprozess.

7. Dein Kind spürt, was verlässlich ist – und was nicht

Kinder glauben nicht, was du sagst. Sie glauben, was sie
regelmäßig erleben.

Ein liebevolles Ritual, das immer wiederkehrt, wirkt wie ein
innerer Halt:

*„Auch wenn draußen alles anders ist – dieses Licht, dieser Satz,
dieser Moment bleibt gleich."*

Das stärkt das Vertrauen in dich – und in die Welt. Und
irgendwann auch in sich selbst.

3.4 Mit starken Emotionen umgehen lernen

Starke Emotionen gehören zum Leben – Freude, Wut, Angst, Trauer, Scham. Sie kommen, sie fluten durch uns hindurch, und sie hinterlassen Spuren. Für hochsensible Kinder sind diese Emotionen oft nicht nur Begleiter – sie sind überwältigende Erlebnisse. Gefühle sind für sie nicht leise Gedanken – sie sind körperlich spürbar, manchmal furchteinflößend, manchmal unaushaltbar.

Diese Kinder *fühlen* nicht nur – sie **werden** das Gefühl. Ihre ganze Welt kann für einen Moment aus Wut bestehen, oder aus Angst, oder aus tiefer Traurigkeit. Und wenn sie nicht gelernt haben, wie sie mit diesen Gefühlen umgehen können, geraten sie schnell in einen inneren Sturm, aus dem sie allein nicht wieder herausfinden.

Unsere Aufgabe als Erwachsene ist es, ihnen zu zeigen, dass Gefühle nicht gefährlich sind – und dass sie ihnen nicht ausgeliefert sind.

---

1. Starke Emotionen verstehen: Keine Bedrohung, sondern ein Signal

Emotionen sind Informationen. Sie zeigen uns, was uns wichtig ist, was uns bedroht, was uns fehlt oder was wir brauchen. Für ein hochsensibles Kind ist diese Information jedoch so laut, dass sie nicht mehr als Botschaft verstanden wird – sondern als Alarm.

Zum Beispiel:

- **Wut** zeigt: „Etwas ist nicht in Ordnung, meine Grenze wurde verletzt."

- **Angst** zeigt: „Ich brauche Schutz oder Klarheit."

- **Traurigkeit** zeigt: „Ich habe etwas verloren oder bin enttäuscht."

- **Scham** zeigt: „Ich habe Angst, nicht richtig zu sein."

Indem wir diesen Gefühlen Raum geben und sie benennen, helfen wir dem Kind, **ihre Sprache zu entschlüsseln.**

---

2. Was passiert bei einem emotionalen Sturm?

Ein starkes Gefühl aktiviert das **limbische System** im Gehirn – insbesondere die Amygdala, das „Gefahrenzentrum". Der Körper geht in Alarm: Herzklopfen, Schwitzen, Muskelspannung, Tränen, Zittern. Das sogenannte „Denken" wird blockiert – das Kind kann nicht mehr logisch reagieren, sondern befindet sich im *Überlebensmodus* (Flucht, Kampf oder Erstarren).

Das bedeutet:

- Es ist **nicht aufnahmefähig** für Erklärungen oder Ermahnungen.

- Es braucht **keine Lösung**, sondern **Regulation.**

- Es braucht dich – nicht als Lehrer, sondern als **emotionalen Anker.**

---

3. Wie du dein Kind in starken Emotionen begleiten kannst

Phase	Was du tun kannst
Emotion steigt auf	Früh wahrnehmen: Körpersprache beobachten („Willst du eine Pause machen?")
Eskalation (z. B. Wutanfall)	Ruhig bleiben. Nichts fordern. „Ich bin bei dir. Wir atmen zusammen."
Rückzug/Weinen	Sanfte Berührung anbieten. Raum lassen, ohne das Kind allein zu lassen.
Nachklang	Gefühl benennen („Das war gerade ganz schön viel, oder?")
Reflexion (später!)	Über das Gefühl sprechen, neue Strategien gemeinsam entwickeln

Wichtig: Der wichtigste Satz ist nicht „Jetzt reiß dich zusammen", sondern:

„Dein Gefühl ist groß – und du bist sicher."

4. Werkzeuge für den Alltag – spielerisch, kreativ und wirksam

Kinder lernen durch Erleben, nicht durch Erklären. Deshalb sind **spielerische Zugänge zu starken Emotionen** oft viel hilfreicher als jedes Gespräch. Hier einige Methoden:

Das „Gefühlsbarometer"

– Ein einfacher Papierstreifen mit fünf Feldern: ruhig – unruhig – wütend – sehr wütend – Vulkan
→ Das Kind darf jeden Tag (oder vor dem Abendessen) seinen „Gefühlsstand" zeigen.

Der „Gefühleschrank"

– Eine Schachtel mit Symbolen für verschiedene Emotionen (z. B. ein rotes Tuch für Wut, eine Feder für Trauer, ein Herz für Freude).
→ Das Kind kann sein aktuelles Gefühl auswählen und erklären – oder auch einfach zeigen.

Die „Atempause"

– Ein kleines Ritual mit Bewegung: „Tief einatmen wie ein Löwe – laut ausatmen wie ein Drache."
→ Spielerische Verbindung von Körper und Regulation.

„Gefühle malen"

– Emotionen bekommen Formen, Farben, Linien. Das Kind darf den Wutsturm oder die Angstwolke zeichnen – nicht bewerten, nur ausdrücken.

---

5. Was dein Kind lernt, wenn es begleitet wird

Ein Kind, das in seinen starken Gefühlen **nicht abgewertet**, sondern **gesehen** wird, lernt:

- Ich darf fühlen, ohne falsch zu sein.

- Gefühle kommen und gehen – ich bin ihnen nicht ausgeliefert.

- Es gibt Wege, mit starken Gefühlen umzugehen.

- Ich bin nicht allein mit dem, was in mir tobt.

Diese Erfahrungen formen das emotionale Fundament eines Menschen – und entscheiden mit darüber, ob er sich in seinem Inneren sicher fühlt oder lebenslang gegen sich selbst kämpft.

---

6. Und was, wenn es nicht sofort gelingt?

Niemand begleitet immer perfekt. Es wird Tage geben, an denen du selbst überfordert bist, an denen du laut wirst, an denen du denkst: *Ich weiß gerade nicht weiter.* Das ist normal. Wichtig ist nicht, dass du nie aus der Ruhe gerätst – sondern, dass du **immer wieder zurückkehrst**.

> Ein ehrliches „Es tut mir leid, ich war selbst zu laut" ist oft heilsamer als jedes perfekte Erziehungsverhalten.
>
> Denn was dein Kind lernt, ist:
>
> Auch Gefühle, die wehtun, können heilen – wenn man sie annimmt.

Teil 4: Emotionale Stärke aufbauen

4.1 Das Selbstwertgefühl stärken

Ein starkes Selbstwertgefühl ist der wichtigste Schutzschild eines hochsensiblen Kindes. Es ist das Fundament, auf dem alle weiteren Kompetenzen wachsen können: Resilienz, soziale Sicherheit, Mut, Selbstvertrauen.

Und gerade hochsensible Kinder sind in ihrem Selbstwert oft **besonders verletzlich** – nicht, weil sie zu wenig können, sondern weil sie **zu viel spüren**, **zu viel reflektieren** und sich ständig **mit den Erwartungen ihres Umfelds messen**.

Ihr Blick auf sich selbst entsteht nicht nur durch das, was sie leisten – sondern durch das, was sie erleben: Bin ich willkommen? Bin ich richtig so? Bin ich genug?

---

1. Wie hochsensible Kinder ihr Selbstwertgefühl entwickeln

Im Gegensatz zu vielen anderen Kindern orientieren sich hochsensible Kinder **weniger an äußeren Bewertungen** (Noten, Siege, Belohnungen) – sie sind stärker beeinflusst von:

- der **emotionalen Resonanz** ihrer Bezugspersonen,

- der **Qualität der Beziehung**,

- der **Stimmigkeit zwischen Worten und Taten**

- und der **inneren Übereinstimmung**.

Ein Satz wie „Das hast du gut gemacht" wirkt nur dann stärkend, wenn er **authentisch** ist – und wenn er dem Kind das Gefühl gibt: *Ich werde wirklich gesehen.*

Hochsensible Kinder spüren Unstimmigkeiten sofort: Gelobt werden ohne echtes Gefühl? Ignoriert werden, obwohl gelächelt wird? Das verletzt mehr, als kein Lob.

Deshalb ist Selbstwert für diese Kinder nicht einfach ein Produkt von Erfolgen – sondern ein **Spiegel der Beziehung,** in der sie sich entwickeln.

2. Häufige Selbstwert-Fallen hochsensibler Kinder

Es gibt typische innere Muster, die das Selbstwertgefühl hochsensibler Kinder belasten:

Muster	Hintergrund
„Ich bin zu empfindlich."	Häufige Rückmeldungen, dass sie „übertreiben" oder „nicht normal" seien
„Ich bin nicht gut genug."	Hoher innerer Anspruch trifft auf intensive Selbstkritik
„Ich mache alles falsch."	Hohe Empfänglichkeit für nonverbale Enttäuschung oder Kritik
„Ich bin anstrengend."	Wahrnehmung, dass sie andere „überfordern" oder „zu viel" seien

Diese Sätze sind Gift für die Seele eines Kindes – und sie entstehen oft unbemerkt, über Jahre. Der Weg daraus beginnt mit **achtsamer Begleitung**.

3. Was das Selbstwertgefühl wirklich stärkt

Es gibt keine Checkliste für einen starken Selbstwert – aber es gibt Bedingungen, die ihn wachsen lassen. Besonders bei hochsensiblen Kindern wirken folgende Elemente stärkend:

Authentische Zuwendung

Nicht ständiges Lob – sondern ehrliche, feine Rückmeldung:
„Ich sehe, wie sehr du dich bemüht hast."
„Du warst heute sehr aufmerksam mit deinem Bruder."
„Du hast dich getraut, obwohl du aufgeregt warst – das war mutig."

Bedingungslose Annahme

Das Gefühl: *Ich werde geliebt, auch wenn ich weine, wütend bin oder mich zurückziehe.*
Das vermittelt sich nicht durch Worte – sondern durch Haltung. Durch Bleiben, wenn's schwierig wird. Durch Nähe, auch wenn Tränen fließen.

Mitgestaltung und Wirksamkeit

Hochsensible Kinder brauchen Momente, in denen sie **etwas bewirken** dürfen.
Ein Tisch decken, beim Kochen helfen, ein Familienritual mitgestalten – das stärkt ihr Gefühl: *Ich bin wichtig. Ich gehöre dazu. Ich kann etwas beitragen.*

Spiegelung von Stärken

Nicht nur: „Du bist so sensibel" – sondern:
„Dein Mitgefühl hilft anderen."
„Deine Aufmerksamkeit für Details ist besonders."
„Du hast ein feines Gespür – das ist eine Gabe."

4. Selbstwert im Alltag leben – konkrete Möglichkeiten

Hier einige alltägliche Impulse, mit denen du den Selbstwert deines Kindes stärken kannst:

Situation	Stärkender Impuls
Kind ist traurig	„Deine Gefühle sind wichtig – du darfst traurig sein."
Kind vergleicht sich negativ	„Du bist einzigartig – niemand fühlt so wie du. Das ist deine Stärke."
Kind macht einen Fehler	„Fehler gehören zum Lernen – und du wächst gerade daran."
Kind will etwas nicht tun	„Du darfst Nein sagen – dein Gefühl ist richtig."
Kind hilft jemandem	„Ich bin stolz auf deine Rücksicht. Du machst die Welt ein bisschen heller."

5. Was du als Elternteil dafür brauchst

Ein Kind kann sich nur selbst annehmen, wenn es erlebt:
Ich bin in deinen Augen richtig – auch mit meinen Ecken, Fragen und Stürmen.

Dafür brauchst du als Elternteil:

- **Geduld**, wenn dein Kind sich selbst verurteilt.

- **Feingefühl**, um zwischen Unsicherheit und Trotz zu unterscheiden.

- **Vertrauen**, dass dein Kind seinen Weg findet – in seinem Tempo.

- Und vor allem: **Selbstannahme**. Denn nur wer sich selbst nicht ständig in Frage stellt, kann anderen Sicherheit vermitteln.

Der wichtigste Satz, den ein hochsensibles Kind hören kann

„Du bist genug – nicht, weil du etwas leistest, sondern weil du du bist."

Immer wieder. Tag für Tag. Leise oder laut.

Denn so entsteht Selbstwert: **von innen heraus – mit deiner liebevollen Spiegelung.**

4.2 Resilienz entwickeln und fördern

Resilienz – dieses Wort begegnet uns überall. Es steht für psychische Widerstandskraft, für innere Stärke, für die Fähigkeit, auch in schwierigen Zeiten nicht zu zerbrechen.

Für hochsensible Kinder scheint genau das oft schwer erreichbar zu sein. Sie wirken verletzlicher, schneller überfordert, dünnhäutiger gegenüber dem Leben. Doch genau diese Kinder können eine **besonders tiefe Form von Resilienz** entwickeln – wenn sie richtig begleitet werden. Denn Resilienz bedeutet nicht, hart zu werden. Sie bedeutet, **weich zu bleiben – und trotzdem zu bestehen**.

---

1. Was ist Resilienz wirklich?

Resilienz ist keine angeborene Eigenschaft, kein „entweder man hat's oder nicht". Sie ist ein **lebenslanger Entwicklungsprozess**.

Ein resilientes Kind…

- hat Zugang zu seinen Gefühlen, ohne davon überrollt zu werden,
- vertraut darauf, dass es schwierige Situationen überstehen kann,
- kennt eigene Bewältigungsstrategien,
- und weiß, dass es nicht allein ist.

Resilienz bedeutet nicht, keine Angst zu haben – sondern zu wissen, dass man damit umgehen kann.

2. Die besondere Herausforderung für hochsensible Kinder

Hochsensible Kinder haben einen enorm aktiven inneren Radar. Sie spüren kleinste Disharmonien, reagieren empfindlich auf Kritik, fühlen Unsicherheiten anderer Menschen mit. Das bedeutet:

- Sie erleben alltägliche Herausforderungen oft als intensiver und belastender.

- Ihr System wird schneller überflutet – mit Emotionen, Reizen, Gedanken.

- Sie zweifeln früh an sich selbst – nicht aus Mangel, sondern aus Tiefgang.

Daher brauchen sie **besondere Strategien**, um Resilienz aufzubauen – Strategien, die zu ihrer Persönlichkeit passen.

3. Die 7 Resilienzfaktoren – kindgerecht erklärt

Forschungen zur Resilienz benennen sieben sogenannte Schutzfaktoren. Hochsensible Kinder können alle sieben lernen – **auf ihre eigene, leise Weise**:

Faktor	Was es bedeutet (kindgerecht)
Bindung	Ich bin nicht allein. Es gibt jemanden, der für mich da ist.
Selbstwahrnehmung	Ich weiß, was ich fühle – und dass das okay ist.
Selbstwirksamkeit	Ich kann etwas tun – ich bin nicht hilflos.
Problemlösekompetenz	Ich finde Wege – auch wenn es schwierig ist.
Soziale Fähigkeiten	Ich kann mit anderen reden und um Hilfe bitten.
Zukunftsorientierung	Ich glaube daran, dass es wieder gut wird.
Impulse kontrollieren	Ich spüre meine Gefühle – aber ich bestimme, was ich tue.

Diese Fähigkeiten entstehen nicht durch Theorie – sie entstehen durch **Erfahrungen**, durch Beziehungen, durch Wiederholung.

4. Praktische Wege, um Resilienz zu fördern

Bindung stärken

- Tägliche „Zuwendungszeit" – 10 Minuten, nur du und dein Kind, ganz präsent.

- Zuhören, ohne zu bewerten oder sofort zu lösen.

- Vertrauen zeigen: „Ich glaube an dich – auch wenn es gerade schwer ist."

Gefühle benennen lernen

- Gefühlskarten, -spiele, -bücher: Was fühlst du? Wie stark? Wo im Körper?

- Sätze wie: „Das fühlt sich eng an, oder?", „Magst du mir zeigen, wie die Angst aussieht?"

Erfolgserlebnisse ermöglichen

- Aufgaben geben, die lösbar und sinnvoll sind.

- Erfolge sichtbar machen (z. B. „Mut-Glas": für jeden überwundenen Moment kommt ein Zettel hinein).

- Nicht nur loben – **anerkennen**: „Du hast nicht aufgegeben – das war stark."

Lösungsorientiertes Denken fördern

- Nicht fragen: „Warum hast du das gemacht?"
  Sondern: „Was könnten wir beim nächsten Mal anders machen?"

- Probleme gemeinsam betrachten – nicht bewerten, sondern erforschen.

- Geschichten erzählen über Menschen, die Herausforderungen gemeistert haben.

Rückschläge aushalten dürfen

- Nicht alles aus dem Weg räumen.

- Fehler dürfen passieren – und besprochen werden.

- Wichtiger Satz: „Das war schwer. Und du bist noch da."

---

5. Was du als Elternteil beitragen kannst

Du musst dein Kind nicht vor allem schützen – aber du kannst ihm Werkzeuge geben:

- Geduld statt Druck

- Halt statt Perfektion

- Präsenz statt ständiger Anleitung

Hochsensible Kinder brauchen Menschen, die ihnen zutrauen, **ihre eigene Lösung zu finden** – auch wenn der Weg dorthin länger oder stiller ist.

Sie brauchen das Gefühl:

„Ich kann fühlen – und trotzdem bestehen. Ich darf weich sein – und bin stark."

---

6. Das stille Wachstum von Resilienz

Manche Kinder zeigen ihre Stärke laut: durch Durchsetzungsfähigkeit, Leistung, Selbstbehauptung. Hochsensible Kinder zeigen ihre Stärke oft leise:

- Sie weinen – und stehen danach wieder auf.

- Sie spüren andere – und helfen, ohne viel zu reden.

- Sie zweifeln – und wagen es trotzdem.

Diese Resilienz ist **nicht sichtbar in Tests**, aber sie ist tief verankert. Und sie trägt ein Leben lang.

4.3 Ressourcen und Stärken entdecken

Hochsensible Kinder nehmen so viel wahr – außen wie innen. Und genau in dieser intensiven Wahrnehmung liegt auch ihre größte Stärke. Doch was sie spüren, ist nicht immer leicht zu tragen: Kritik trifft sie härter, Überforderung lähmt sie schneller, und sie sehen oft zuerst das, was nicht funktioniert.

Umso wichtiger ist es, dass sie lernen:

In mir steckt nicht nur Tiefe – in mir steckt auch Kraft.

Ressourcen sind die inneren Kraftquellen eines Kindes. Sie sind das, worauf es in herausfordernden Situationen zurückgreifen kann – Fähigkeiten, Interessen, Beziehungen, innere Bilder.

Und gerade bei hochsensiblen Kindern liegen diese Ressourcen oft **verborgen unter Schichten aus Selbstzweifeln, Anpassung und Überforderung**. Unsere Aufgabe ist es, sie sichtbar zu machen.

---

1. Warum hochsensible Kinder ihre Stärken oft nicht erkennen

Hochsensible Kinder sind sehr gute Beobachter. Sie sehen, was andere können. Sie erkennen feine Unterschiede, spüren Stimmungen, analysieren Situationen – und vergleichen sich dabei ständig.

Oft empfinden sie sich als:

- „nicht gut genug"
- „anders"
- „anstrengend"

- „zu langsam"

- „zu leise"

- „zu emotional"

Sie nehmen Misserfolge tiefer wahr und vergessen kleine Erfolge schnell. Lob fühlen sie oft nicht, wenn es nicht authentisch und konkret ist. Deshalb brauchen sie eine Form der Bestärkung, die **nicht laut**, aber **ehrlich** und **passend** ist.

2. Was sind Ressourcen eigentlich genau?

Ressourcen sind nicht nur Fähigkeiten – sie sind **alles, was dem Kind Kraft, Halt und Selbstvertrauen gibt.** Dazu gehören:

Ressourcentyp	Beispiele
Innere Stärken	Empathie, Fantasie, Geduld, Intuition, Beobachtungsgabe
Emotionale Fähigkeiten	Selbstreflexion, Mitgefühl, Fürsorge, Gerechtigkeitssinn
Körperliche Ressourcen	Bewegung, Rhythmusgefühl, Sinn für Berührung oder Musik
Kreative Ausdrucksformen	Malen, Geschichten erfinden, Musik machen, Tanzen
Beziehungen	Verlässliche Freundschaft, starker Elternteil, Lehrer*in mit Vertrauen

Ressourcentyp	Beispiele
Räume und Rituale	Rückzugsort, Lieblingsbeschäftigung, Abendritual
Erlebnisse	„Ich habe das geschafft!", „Ich wurde gehört.", „Ich war mutig."

Diese Ressourcen müssen **entdeckt, benannt, gefördert und gespiegelt** werden – damit das Kind sie auch wirklich als Teil seiner selbst begreifen kann.

3. Wie du Stärken sichtbar machen kannst

Kinder wachsen an dem, was wir in ihnen sehen. Unsere Sichtweise wird zu ihrem Selbstbild.
Hier einige stärkende Wege:

Stärken spiegeln

Nicht: „Du bist toll."
Sondern:
„Ich habe gesehen, wie du deinem Bruder geholfen hast, obwohl du müde warst – das war sehr aufmerksam von dir."

Ein Stärkentagebuch führen

Ein kleines Büchlein, in dem regelmäßig positive Beobachtungen festgehalten werden. Auch das Kind darf mitmalen oder mitentscheiden.

Z. B.: „Heute hast du in der Kita auf ein jüngeres Kind geachtet."

→ Am Monatsende gemeinsam durchblättern – wirkt tief!

Stärkensymbole erfinden

Jede Stärke bekommt ein Symbol (z. B. eine kleine Karte mit einem Tier oder einer Farbe):

- Mut = Tiger

- Einfühlungsvermögen = Schmetterling

- Kreativität = Regenbogen
  Diese Karten können bei Bedarf sichtbar gemacht werden: „Heute brauchst du den Tiger."

Das „Ich bin…"-Spiel

Einmal pro Woche gemeinsam überlegen:

„Was war heute mutig?"

„Was war heute aufmerksam?"

„Worauf warst du stolz?"

4. Ressourcen im Alltag aktivieren

Stärken sollen nicht nur benannt – sie sollen **erlebt** werden.
Und das gelingt am besten durch Handeln:

Alltagssituation	Möglichkeit zur Ressourcennutzung
Kind ist traurig oder überfordert	Rückzug in den „Kraftort", in ein Ritual oder in eine gestärkte Fantasiewelt
Kind fühlt sich „nicht gut genug"	Rückblick auf bereits geschaffte Situationen (Mutglas, Stärkentagebuch)
Kind will sich nicht äußern	Zeichnen, Malen oder Musik als Ausdruckskanal nutzen
Kind hat Angst	Mutkarte zeigen, Geschichte erzählen, in der es schon einmal mutig war

5. Warum Ressourcen nicht „gelehrt", sondern erlebt werden müssen

Du kannst einem Kind nicht beibringen, stark zu sein.
Aber du kannst ihm zeigen, dass es **bereits stark ist**.

Wenn du in seinen traurigen Blick sagst:

„Du hast diese Woche schon drei schwierige Dinge geschafft."
Dann spürt es: *Da ist etwas in mir, das ich nutzen kann.*

Wenn du in einem Wutanfall sagst:

„Du bist sehr intensiv – aber du hast auch viel Herz."
Dann spürt es: *Ich bin mehr als meine Emotionen.*

6. Langfristiger Effekt: Der innere Schatz

Ein Kind, das seine Ressourcen kennt, ist nicht „unverwundbar"
– aber es hat einen **inneren Schatz**, auf den es zurückgreifen
kann.

- In Krisen erinnert es sich an Kraftmomente.

- In Unsicherheit ruft es stärkende Sätze ab.

- In Beziehungen bleibt es bei sich, statt sich zu verlieren.

Das ist das Fundament für emotionale Stärke – und der Weg in
ein selbstbewusstes, erfülltes Leben.

4.4 Positives Denken und innere Balance

Gedanken sind wie Samen: Was wir denken, beeinflusst, wie wir fühlen – und wie wir handeln. Besonders bei hochsensiblen Kindern, die so tief empfinden und reflektieren, haben innere Überzeugungen eine enorme Kraft.

Sie erleben die Welt nicht nur intensiver – sie **denken intensiver über sich selbst nach**. Und diese Gedanken sind oft kritisch.

Deshalb ist es so entscheidend, ihnen früh zu zeigen:

Du darfst Fehler machen. Du darfst zweifeln. Aber du darfst auch glauben, dass Gutes möglich ist.

Positives Denken bedeutet nicht, alles schönzureden. Es bedeutet, **den Blick für Ressourcen, Hoffnung und inneres Gleichgewicht zu schulen** – selbst dann, wenn es schwer ist.

---

1. Was bedeutet „positives Denken" wirklich?

Es geht nicht um oberflächliche Optimismus-Parolen wie „Das wird schon!" oder „Denk halt nicht so negativ."
Sondern um die Fähigkeit:

- sich selbst ermutigen zu können,

- aus Rückschlägen Hoffnung zu schöpfen,

- aus dem Guten Kraft zu ziehen,

- und Gedanken bewusst zu lenken, statt ihnen ausgeliefert zu sein.

Für hochsensible Kinder bedeutet das: Die innere Stimme darf nicht ständig kritisieren – sie darf auch **trösten, stärken und Zuversicht schenken**.

2. Warum hochsensible Kinder oft negativ denken – obwohl sie es nicht wollen

Viele dieser Kinder...

- spüren, wenn sie anders sind

- merken, dass sie „mehr" fühlen, „langsamer" sind, „leiser" oder emotionaler

- vergleichen sich ständig mit anderen

- analysieren Situationen – und dabei auch sich selbst – übermäßig

Das führt schnell zu inneren Glaubenssätzen wie:

- „Ich bin nicht gut genug."

- „Mit mir stimmt etwas nicht."

- „Ich bin zu empfindlich."

- „Ich bin eine Last."

Diese Sätze entstehen nicht aus Faulheit oder mangelndem Selbstwert – sondern aus Überforderung, emotionaler Tiefe und fehlender positiver Gegengewichtung.

3. Wie du deinem Kind hilfst, seine Gedanken zu sortieren

Gedanken sind nicht einfach da – sie entstehen, werden genährt, wiederholt. Eltern können helfen, sie bewusst zu beeinflussen.

Gedanken erkennen lernen

Z. B. durch Fragen wie:
„Was hast du gerade über dich gedacht?"
„Was würde dein Herz sagen, wenn es sprechen könnte?"
„Ist das ein Gedanke, der dich stark macht – oder schwächt er dich?"

Gedanken umwandeln

Nicht einfach „ins Positive drehen", sondern in eine
ermutigende Form bringen:

Negativer Gedanke	Ermutigender Gegengedanke
„Ich kann das nicht."	„Ich kann es *noch* nicht – aber ich lerne gerade."
„Ich bin komisch."	„Ich bin besonders – und besonders ist wertvoll."
„Alle sind besser als ich."	„Ich bin gut in meinem Tempo – und jeder Mensch ist anders."
„Ich mache immer alles falsch."	„Ich mache Fehler – aber ich wachse an ihnen."

Diese Umformungen müssen geübt werden – durch Sprache, durch Geschichten, durch wiederholte Rückmeldung.

4. Die Kraft positiver Selbstgespräche

Statt nur auf Lob von außen zu warten, darf ein Kind lernen, **sich selbst positiv zu bestärken.**

Das geschieht durch sogenannte *innere Leitsätze*, die wie emotionale Anker wirken:

„Ich bin einfühlsam – und das ist meine Stärke."
„Ich darf Fehler machen – und trotzdem geliebt sein."
„Ich bin ruhig – und das ist wertvoll."
„Ich bin nicht allein – meine Gefühle sind in Ordnung."

Diese Sätze können im Alltag eingebaut, gezeichnet, aufgeschrieben oder mit Symbolen verbunden werden.
Beispiel: Ein „Mutstein", der mit einem Leitsatz beschriftet ist und mit zur Schule darf.

5. Innere Balance – zwischen Denken, Fühlen und Sein

Ein Kind ist dann in innerer Balance, wenn es nicht zwischen seinen Gefühlen hin- und hergerissen ist, sondern sich **trotz Gefühlen sicher fühlt.**

Das entsteht, wenn...

- Gedanken nicht nur bewerten, sondern **verstehen**

- Gefühle nicht nur gefühlt, sondern **getragen** werden

- der Körper nicht nur reagiert, sondern **zur Ruhe finden darf**

Deshalb helfen besonders bei hochsensiblen Kindern
Methoden, die **alle Ebenen einbeziehen**:

Ebenen der Balance	Methode zur Unterstützung
Gedanken	Gedanken-Tagebuch, Leitsätze, Mutkarten
Gefühle	Gefühlskarten, Malen, „Wort-für-Gefühl"-Spiel
Körper	Atemübungen, Bewegung, Entspannungsrituale (z. B. „Ruhewolke")

6. Was du als Elternteil konkret tun kannst

Dein Kind wird positive Gedanken nicht durch Zwang entwickeln
– sondern durch **Erfahrung**:

- Wenn du es **ermutigst**, auch nach einem Fehler weiterzugehen

- Wenn du **aussprichst**, was du siehst: „Du bist mutig, auch wenn du Angst hast."

- Wenn du **nicht nur kritisierst**, sondern auch das leise Gute würdigst

- Wenn du **selbst** achtsam mit dir sprichst – und das vorlebst

Denn das Kind hört nicht nur, wie du mit ihm sprichst – sondern
auch, **wie du mit dir selbst umgehst**.

7. Positives Denken ist keine Maske – sondern ein Werkzeug

Ein hochsensibles Kind wird sich nie ganz „wegdenken", was es empfindet – das muss es auch nicht.
Aber es darf lernen:

Ich bin nicht meine Angst. Ich bin nicht mein Fehler. Ich bin mehr – und ich wachse daran.

So entsteht echte Stärke: **Von innen heraus. Mit einem Gedanken nach dem anderen.**

Teil 5: Eltern sein – Herausforderungen liebevoll meistern

5.1 Achtsamkeit im Familienalltag

Hochsensible Kinder brauchen viel – Aufmerksamkeit, Verständnis, Schutz, liebevolle Begleitung. Und genau deshalb brauchen auch **ihre Eltern** besondere Stärke. Denn wer so feinfühlige Wesen begleitet, spürt: Diese Kinder fordern nicht laut – aber tief. Sie spiegeln, verstärken, hinterfragen.

Und manchmal bringt das Eltern an ihre Grenzen. Nicht weil sie zu wenig tun – sondern weil sie *zu viel spüren*.

Deshalb ist Achtsamkeit im Familienalltag kein Luxus. Sie ist ein lebensnotwendiges Werkzeug. Nicht nur für das Kind – sondern auch für dich.

---

1. Was bedeutet Achtsamkeit im Familienkontext?

Achtsamkeit ist die Fähigkeit, im Moment zu sein – ohne zu bewerten. Nicht in der Zukunft, nicht im Gestern, nicht im inneren Drama. Sondern **jetzt**. Mit dem, was ist.

Für Eltern bedeutet das:

- Das Kind im Moment wahrnehmen, **ohne sofort zu analysieren**.

- Eigene Gefühle spüren, **ohne sie zu verdrängen oder gegen das Kind zu richten**.

- Den Alltag mit mehr **innerer Ruhe und Präsenz** leben – auch wenn es hektisch ist.

Achtsamkeit ist kein perfekter Zustand. Sie ist eine Haltung: *Ich bin hier – mit offenem Herzen.*

---

2. Warum Achtsamkeit für Eltern hochsensibler Kinder so wichtig ist

Diese Kinder spüren alles. Auch das, was du nicht sagst. Deine Spannung, deinen Stress, deinen ungesagten Ärger. Sie nehmen deine Schwingungen auf wie ein feines Instrument.

Wenn du innerlich überfordert bist, versuchen sie oft, dich auszugleichen – und verlieren dabei den Kontakt zu sich selbst.

Deshalb ist deine Achtsamkeit **Selbstfürsorge – aber auch Kinderschutz**. Wenn du in dir ruhst, kann dein Kind auch zur Ruhe kommen. Du bist das emotionale Klima im Haus. Und je klarer, weicher, liebevoller dieses Klima ist, desto sicherer fühlt sich dein Kind.

---

3. Kleine achtsame Inseln im Alltag schaffen

Achtsamkeit muss nicht meditativ sein. Sie darf alltagstauglich sein. Hier einige einfache, wirkungsvolle Ideen:

Situation	Achtsame Möglichkeit
Morgenhektik	3 tiefe Atemzüge mit geschlossenen Augen, bevor du das Kind weckst

Situation	Achtsame Möglichkeit
Beim Kochen	Gemüse schneiden in Stille – bewusstes Hören, Fühlen, Riechen
Wutanfall des Kindes	Hand aufs eigene Herz legen: „Ich bin hier. Ich atme. Ich werde nicht mitwirbeln."
Vor dem Schlafen	„Was war heute schön?" – gemeinsam 3 gute Dinge sagen oder aufmalen
Zwischendurch	Eine Minute bewusst atmen, aus dem Fenster schauen, ohne Handy, ohne Aufgabe

Diese Mikro-Momente verändern nicht nur dein Nervensystem – sie verändern auch **die Energie im Raum**.

---

4. Achtsam mit sich selbst sprechen

Der innere Dialog ist mächtig. Viele Eltern – vor allem sehr einfühlsame – reden hart mit sich selbst:

- „Ich war wieder zu ungeduldig."

- „Ich schaffe das nicht."

- „Mein Kind verdient bessere Eltern."

Diese Sätze sind wie kleine innere Nadelstiche – täglich, dauerhaft. Achtsamkeit bedeutet auch: **anders mit sich zu sprechen**.

Ersetze sie durch:

- „Ich gebe mein Bestes – und ich darf Fehler machen."

- „Ich darf müde sein und trotzdem liebevoll sein."

- „Ich bin nicht perfekt – aber ich bin ehrlich bemüht."

Denn wenn du liebevoll mit dir sprichst, lernt dein Kind, wie Mitgefühl klingt – nicht nur nach außen, sondern auch nach innen.

---

5. Achtsamkeit in der Beziehung zum Kind

Es gibt diese kleinen, goldenen Momente – wenn du wirklich präsent bist:

- Du schaust deinem Kind beim Spielen zu, **ohne es zu unterbrechen oder zu korrigieren**.

- Du hörst eine Geschichte **bis zum Ende**, auch wenn du müde bist.

- Du atmest einmal tief durch, **bevor du auf die Wut reagierst**.

- Du nimmst die Hand deines Kindes und sagst: *„Ich bin jetzt ganz bei dir."*

Diese Momente verändern Beziehungen. Sie bauen **emotionale Brücken**, die stärker sind als jedes Erziehungsprinzip.

6. Du darfst langsam sein – besonders als Elternteil eines hochsensiblen Kindes

Die Welt ist schnell. Erziehung ist oft laut. Aber hochsensible Kinder lehren uns etwas anderes:

Wachstum geschieht in Stille. Verbindung geschieht im Moment.

Du darfst langsam sein. Du darfst Pausen brauchen. Du darfst dich ausruhen. Nicht weil du schwach bist – sondern weil du **verantwortlich und klug** bist.

Dein Kind braucht keine Superheld*in.
Es braucht **dich – in deiner Echtheit, deiner Achtsamkeit, deiner liebevollen Unvollkommenheit.**

5.2 Konflikte sanft und verständnisvoll lösen

Wo Beziehung ist, gibt es auch Reibung. Konflikte gehören zum Familienleben wie das Atmen zum Leben. Gerade mit hochsensiblen Kindern kann es immer wieder zu Spannungen kommen – nicht, weil sie schwierig sind, sondern weil sie **intensiv** fühlen, **tief** denken und oft eine ganz eigene Vorstellung davon haben, wie die Welt sein sollte.

Sie sind feinfühlig – aber auch stark in ihrer Meinung. Sie sind anpassungsfähig – aber innerlich stolz. Und: Sie spüren sofort, wenn etwas unfair ist. All das macht sie **verletzlicher in Konflikten** – und gleichzeitig **besonders sensibel für Verbindung, wenn man sie auf Augenhöhe begleitet.**

1. Warum Konflikte bei hochsensiblen Kindern oft intensiver erlebt werden

Hochsensible Kinder…

- spüren emotionale Spannung schon, bevor sie ausgesprochen wird

- beziehen Kritik schnell auf ihre ganze Person („Ich bin falsch")

- verarbeiten Auseinandersetzungen langsamer und tiefgehender

- erinnern sich an verletzende Worte – oft über Jahre hinweg

- suchen Gerechtigkeit, auch im kleinsten Detail

Das bedeutet: Ein Streit mit Mama oder Papa ist für sie **keine Nebensache** – es ist ein emotionales Ereignis, das sie im Herzen trifft. Und das muss **achtsam behandelt** werden.

---

2. Was du in Konflikten beachten solltest

Konflikte sind nicht das Problem – **wie** wir damit umgehen, entscheidet über die Beziehung.

Was nicht hilft:

- Schreien, Drohen, Bestrafen

- Ironie, Spott oder sarkastische Bemerkungen

- Emotionale Rückzüge („Dann mach's doch alleine!")

- Verallgemeinerungen („Du bist immer so!")

Diese Reaktionen machen hochsensible Kinder **unsicher** und **ängstlich**. Sie ziehen sich innerlich zurück – oder brechen emotional zusammen.

Was hilft:

- Langsamer werden: *Atme – bevor du antwortest.*

- Sprechen über Gefühle, nicht über Schuld: „Ich war traurig, als du das gesagt hast."

- Sanfte Führung statt harter Konsequenz: „Ich sehe, dass du wütend bist. Und trotzdem darfst du mich nicht hauen."

- Raum lassen, statt drängen: „Wir klären das, wenn du bereit bist."

3. Die 4-Schritte-Methode für gewaltfreie Kommunikation im Familienalltag

Diese bewährte Methode nach Marshall Rosenberg kann auch kindgerecht angepasst werden – besonders wirksam bei sensiblen Kindern:

Schritt	Beispielhafte Formulierung
Beobachtung	„Ich habe gesehen, dass du deine Spielsachen weggeschoben hast, als dein Bruder kam."
Gefühl	„Ich war traurig, weil ich gespürt habe, dass es dir nicht gut ging."
Bedürfnis	„Mir ist wichtig, dass jeder sich willkommen fühlt."
Bitte	„Magst du mir sagen, was du brauchst – oder ob wir eine Lösung zusammen finden können?"

Diese Sprache wirkt **deeskalierend, ehrlich und bindungsstärkend** – gerade bei Kindern, die sich schnell verurteilt fühlen.

---

4. Konflikt als Beziehungschance

Ein Konflikt ist kein Beziehungsbruch – er ist eine Einladung zur **tieferen Verbindung**. Besonders bei hochsensiblen Kindern ist das **„Wie danach"** entscheidend:

- Wurde ich gesehen?

- Habe ich verstanden, was ich gefühlt habe?

94

- Hat jemand mit mir gemeinsam nach Lösungen gesucht?

Wenn ein Kind diese Fragen mit *Ja* beantworten kann, wächst nicht nur das Vertrauen – sondern auch die emotionale Reife.

5. Kleine Rituale zur Versöhnung

Nach einem Streit brauchen hochsensible Kinder oft **ein Zeichen** – etwas, das nicht nur sagt „Es ist wieder gut", sondern: *Ich bin sicher, ich bin geliebt.*

Hier ein paar Ideen:

- **Die Friedenskerze**: Wird gemeinsam angezündet nach einem Konflikt – als Symbol für einen Neuanfang.

- **Herzstein übergeben**: Ein kleiner Stein, der von Hand zu Hand geht und sagt: „Ich bin wieder offen für Verbindung."

- **Versöhnungsbuch**: Kurze Notizen oder Zeichnungen nach einem Streit, die zeigen: „Ich hab dich lieb – auch wenn's kracht."

- **Die Hand-auf-das-Herz-Geste**: Eine stille, kraftvolle Berührung, die sagt: *Ich bleibe da. Auch mit deinem Schmerz*

6. Dein Vorbild zählt – mehr als jede Methode

Kinder lernen am meisten durch Nachahmung. Wenn du…

- dich für einen Fehler entschuldigst,

- dein Kind ernst nimmst, ohne dich zu verbiegen,

- klar bleibst, ohne zu verletzen,

- und nach Konflikten **wieder Nähe zulässt**,

... dann lehrst du deinem Kind den vielleicht wichtigsten sozialen Wert:

Streit ist menschlich – und Liebe bleibt.

5.3 Selbstfürsorge für Eltern

Eltern zu sein ist eine große Aufgabe. Eltern eines hochsensiblen Kindes zu sein, ist eine besonders tiefe Reise – voller Nähe, Spiegelung, Verantwortung und feiner Zwischentöne.

Diese Kinder fordern keine großen Dramen – aber sie fordern **deine Präsenz, deine Geduld, deine innere Stabilität**.

Und genau deshalb braucht es etwas, das oft vergessen wird:

Deine eigene Fürsorge. Deine Bedürfnisse. Deinen Raum. Deine Erholung.

Selbstfürsorge ist kein Egoismus. Sie ist kein „sich davonstehlen".
Sie ist ein Akt der Klarheit: *Ich kann mein Kind nur halten, wenn ich mich selbst nicht verliere.*

---

1. Warum Selbstaufopferung nicht zur Lösung gehört

Viele Mütter und Väter – gerade besonders empathische – neigen dazu, sich selbst völlig zurückzustellen. Sie geben, begleiten, spüren, trösten... bis sie leer sind.
Und dann wundern sie sich, warum sie gereizt, traurig oder erschöpft sind. Warum die Geduld schwindet. Warum sie sich selbst nicht mehr wiedererkennen.

Das Problem ist nicht dein Kind. Das Problem ist, dass du dich **selbst aus dem Blick verloren hast**.
Ein ausgeglichener Alltag mit einem hochsensiblen Kind entsteht nicht durch ständige Bereitschaft – sondern durch **gute**

Grenzen, liebevolle Selbstverbindung und tägliche kleine Regeneration.

---

2. Was Selbstfürsorge in Wahrheit ist

Es geht nicht um Wellness oder Rückzug ins Spa (auch wenn das schön wäre). Es geht um ganz konkrete, greifbare, **gelebte Alltagsachtsamkeit:**

Ebene	Beispiele für gelebte Selbstfürsorge
Körperlich	Ausreichend trinken, regelmäßige Bewegung, gesunde Nahrung, bewusstes Atmen
Emotional	Eigene Gefühle ernst nehmen, überlastet sein dürfen, sich selbst trösten
Sozial	Austausch mit anderen Eltern, sich aussprechen dürfen, ehrliche Gespräche ohne Masken
Mental	Grenzen setzen, innere Glaubenssätze reflektieren („Ich muss immer stark sein")
Spirituell / Innerlich	Ruhe-Inseln, Natur erleben, Musik hören, Dankbarkeit üben, Tagebuch schreiben

Selbstfürsorge ist keine einzelne Maßnahme – es ist eine Haltung: *Ich bin genauso wichtig wie mein Kind.*

---

3. Der Eltern-Burnout beginnt oft leise

Er kommt nicht plötzlich. Er kommt schleichend:

- Du funktionierst, aber spürst nichts mehr.

- Du hilfst, aber empfindest keine Freude.

- Du kümmerst dich – aber innerlich wirst du leer.

- Du liebst dein Kind – aber du fühlst dich fremd in deinem eigenen Leben.

Das sind Warnsignale. Sie bedeuten: **Stopp. Nicht noch mehr geben. Erst dich selbst wieder spüren.**

Denn: Ein erschöpftes Elternteil kann nicht gut begleiten. Ein erfülltes Elternteil dagegen sendet aus jedem Blick die Botschaft: *Ich bin bei mir – und dadurch auch bei dir.*

4. Kleine Schritte für große Wirkung

Selbstfürsorge beginnt nicht mit einer großen Veränderung. Sie beginnt mit **kleinen Entscheidungen** im Alltag:

Statt	Lieber
„Ich mache das noch schnell."	„Ich atme erst drei Mal bewusst durch."
„Ich darf keine Pause machen."	„Ich verdiene eine Pause, damit ich wieder geben kann."
„Ich bin zu müde für Gespräche."	„Ich schreibe einem lieben Menschen eine kurze Nachricht."

Statt	Lieber
„Ich muss stark sein."	„Ich darf müde, traurig oder überfordert sein."
„Ich habe keine Zeit für mich."	„Ich nehme mir heute 15 Minuten – und das ist genug für den Anfang."

Diese Mini-Pausen sind keine Flucht – sie sind **Instandhaltung deines inneren Systems**.

---

5. Was dein Kind von deiner Selbstfürsorge lernt

Dein Kind sieht dich. Es spürt dich.
Wenn du dich selbst gut behandelst, lernt dein Kind:

- dass man auf seine Grenzen achten darf

- dass Fürsorge in beide Richtungen geht

- dass man sich selbst wichtig nehmen darf

- dass Liebe nicht aus Erschöpfung, sondern aus Echtheit entsteht

Du bist ein Modell für emotionale Selbstfürsorge – ob du willst oder nicht.

Wenn du gut für dich sorgst, lernt dein Kind etwas Großes:
Ich darf für mich sorgen. Und ich darf trotzdem andere lieben.

---

6. Du bist nicht allein

Viele Eltern, die hochsensible Kinder begleiten, fühlen sich einsam.

Sie denken: *Nur wir sind so oft am Limit. Nur wir kämpfen mit solchen Emotionen. Nur mein Kind ist so herausfordernd.*

Doch du bist nicht allein. Es gibt andere, die genauso fühlen. Die gleichen Sorgen kennen. Die auch nachts weinen, bevor sie am Morgen wieder stark tun.

> Suche Austausch. Öffne dich. Sprich.
> Deine Erschöpfung ist kein Zeichen von Schwäche – sondern von Tiefe.

5.4 Geschwister von hochsensiblen Kindern

Wenn ein Kind in der Familie hochsensibel ist, verändert das nicht nur die Eltern-Kind-Beziehung – sondern auch das **familiäre Gleichgewicht insgesamt**. Besonders betroffen: die Geschwister.

Sie erleben, dass das sensible Kind mehr Aufmerksamkeit braucht, öfter Rückzug benötigt, häufiger begleitet werden muss. Sie beobachten emotionale Ausbrüche, Spannungen, Tränen – und vielleicht auch, dass Mama oder Papa erschöpfter sind als früher.

Und oft stellen sie sich dann eine stille, aber zentrale Frage:

Und ich? Wo bin ich in all dem?

---

1. Die besondere Dynamik zwischen Geschwistern

In Familien mit hochsensiblen Kindern entsteht häufig eine bestimmte Rollenverteilung – bewusst oder unbewusst:

Typische Geschwisterrolle	Mögliche innere Reaktion
Das „Angepasste" Kind	Entwickelt frühe Eigenständigkeit – fühlt sich aber manchmal übersehen
Das „Rebellische" Kind	Kämpft um Aufmerksamkeit – mit Wut, Provokation oder Rückzug

Typische Geschwisterrolle	Mögliche innere Reaktion
Das „Hilfreiche" Kind	Unterstützt Eltern, nimmt Rücksicht – kann dabei eigene Bedürfnisse übergehen
Das „Stillere" Kind	Zieht sich zurück – aus Angst, als „zusätzlich belastend" zu gelten

Diese Rollen sind keine „Fehler" – sie sind **Versuche, in einem System zu bestehen**, das emotional stark durch das sensible Kind geprägt ist.

2. Was Geschwisterkinder oft (unausgesprochen) empfinden

Viele Geschwister erleben innere Konflikte, ohne dass sie sie in Worte fassen können:

- **„Ich muss stark sein – Mama hat schon genug mit ihm/ihr zu tun."**

- **„Wenn ich traurig bin, sagt niemand etwas – aber wenn mein Bruder weint, ist gleich die Welt still."**

- **„Ich will auch mal im Mittelpunkt stehen – aber dann werde ich als egoistisch gesehen."**

Diese Gedanken entstehen nicht aus Neid – sondern aus einem **tiefen Bedürfnis nach Gesehenwerden, nach Gleichgewicht, nach emotionaler Sichtbarkeit.**

3. Wie du Geschwister achtsam begleitest

Dein hochsensibles Kind braucht dich – ja. Aber **dein anderes Kind braucht dich genauso**. Es braucht vielleicht nicht dieselbe Form der Begleitung, aber es braucht **denselben inneren Platz in deinem Herzen**.

Was du tun kannst:

- **Exklusive Zeit schaffen**: Plane bewusst kurze Momente nur mit dem Geschwisterkind – selbst 15 Minuten „nur wir zwei" können Wunder wirken.

- **Gefühle spiegeln**: Auch wenn es „nur leise" ist: „Du hast dich vielleicht etwas übergangen gefühlt heute, oder?"

- **Nicht vergleichen**: „Dein Bruder ist sensibel" ist keine Erklärung für alles. Jedes Kind ist einzigartig – und verdient seine eigene Beschreibung.

- **Raum für Ehrlichkeit**: Ermutige zu Aussagen wie: „Ich fand das heute doof." Ohne schlechtes Gewissen.

---

4. Verbindung zwischen den Geschwistern stärken

Manchmal entsteht Eifersucht, Abstand oder sogar Ablehnung. Doch gerade in Familien mit feinfühligen Kindern kann auch **eine tiefe Geschwisterliebe** entstehen – wenn sie gepflegt wird:

Impulse zur Verbindung	Möglicher Effekt
Gemeinsame Rituale (z. B. Vorlesen abwechselnd)	Stärkt das Gefühl von „Wir gehören zusammen"

Impulse zur Verbindung	Möglicher Effekt
Rollentausch im Spiel („Heute bist du Mama")	Fördert Empathie und Perspektivwechsel
Dankeschön-Ritual: „Heute sage ich dir danke, weil…"	Lässt Wertschätzung bewusst werden
Gemeinsames Kreativprojekt (z. B. Baumhaus planen, Mandala malen)	Verbindet über Tun, nicht über Worte

5. Was du dir selbst zugestehen darfst

Du wirst nicht immer alles gleich gut ausbalancieren können.
Du wirst dich manchmal mehr um das sensible Kind kümmern müssen.
Du wirst manches verpassen, übersehen, verwechseln.

Das ist menschlich. Wichtig ist nicht Perfektion – sondern Reflexion.
Wenn du deinem Kind sagst:

„Ich habe gesehen, du warst heute sehr geduldig. Und ich bin dir dafür dankbar."
… dann fühlt es sich gesehen.

Wenn du abends an dich selbst denkst und spürst: *Morgen versuche ich es wieder ein bisschen ausgewogener zu machen,* dann wächst du – und mit dir deine ganze Familie.

6. Am Ende zählt Verbindung – nicht Gleichverteilung

Kinder vergleichen nicht Millimeter genau. Sie spüren: *Bin ich wichtig? Bin ich sicher? Bin ich gemeint – als ich selbst?*

Wenn du dieses Gefühl vermittelst, wenn du jedem Kind einen emotionalen Platz gibst, dann entsteht ein Familienklima, in dem sich **alle entfalten dürfen – auf ihre ganz eigene Weise.**

Teil 6: Alltagssituationen und spielerische Methoden

6.1 Spielerisch entspannen – Atem- und Körperübungen

Hochsensible Kinder leben in einer Welt, die sie oft überflutet. Nicht nur durch Lautstärke oder Hektik, sondern durch all die feinen Reize, die sie aufnehmen und verarbeiten: Stimmen, Blicke, Stimmungen, Berührungen, Gerüche, Geräusche, Gedanken.

In diesem ständigen Strom kann ihr Nervensystem kaum zur Ruhe kommen. Die Folge: Sie sind oft innerlich angespannt, überdreht oder erschöpft – manchmal alles zugleich.

Was sie brauchen, ist keine zusätzliche Leistung, sondern ein Raum für **Entspannung – in Bewegung, im Atem, im Körper.** Und am besten gelingt das spielerisch – ohne Druck, ohne Ziel, sondern mit Leichtigkeit und kindlicher Freude.

---

1. Warum Bewegung und Atmung zentrale Schlüssel zur Selbstregulation sind

Der Körper ist der direkteste Weg zur Regulation. Bevor ein Kind über seine Gefühle sprechen kann, bevor es „weiß, was los ist", kann der Körper helfen, wieder Boden unter den Füßen zu spüren.

- **Atmen beruhigt das Nervensystem** – besonders die Ausatmung wirkt entspannend.

- **Bewegung löst Spannungen**, die sich durch Reize, Emotionen oder Überforderung aufgebaut haben.

- **Körperspiele** machen das, was oft schwer in Worte zu fassen ist, wieder spürbar und begreifbar.

Für hochsensible Kinder sind diese Wege besonders geeignet – weil sie viel im Kopf und Herz erleben, aber oft zu wenig **im Körper verankert sind.**

2. Voraussetzungen für wirksame Entspannung mit Kindern

Bevor du mit Übungen beginnst, achte auf folgende Punkte:

- **Der richtige Zeitpunkt:** Nicht direkt nach einer Eskalation, sondern in ruhigen Phasen üben – damit das Kind die Technik in sich abspeichern kann.

- **Freiwilligkeit**: Kein Zwang. Das Kind darf entscheiden, ob und wie es mitmacht.

- **Wiederholung**: Entspannung ist ein Muskel – je öfter trainiert, desto wirkungsvoller.

- **Ritualisierung**: Kleine Routinen machen Übungen vertraut und damit sicher.

3. Spielerische Atemübungen – einfach, fantasievoll, wirksam

Hier eine Auswahl bewährter Atemspiele, die du leicht zu Hause umsetzen kannst:

Der Drachenatem

◎ *Ziel*: Wut oder Anspannung ausatmen

◎ *Anleitung*: Das Kind stellt sich vor, es ist ein kleiner Drache. Es atmet tief durch die Nase ein – und pustet dann wie ein feuerspeiender Drache aus. Dabei kann es knurren, schnauben oder die Hände wie Flammen ausbreiten.

Die Blume und die Kerze

❀ *Ziel*: Beruhigung, Zentrierung

❀ *Anleitung*: Das Kind „riecht an einer Blume" (tief einatmen) und „pustet eine Kerze aus" (langsam ausatmen). Wiederholung: 5–7 Mal.

Luftballon-Bauch

🎈 *Ziel*: Bauchatmung fördern

🎈 *Anleitung*: Das Kind legt sich hin, ein Kuscheltier auf dem Bauch. Beim Einatmen soll das Kuscheltier „hochfliegen", beim Ausatmen wieder „landen". So lernt es, tief in den Bauch zu atmen – statt flach in die Brust.

Wetteratem

Ziel: Emotionen kreativ ausdrücken

Anleitung:

- Wütend? = Sturmatem: schnell durch die Nase ein, kräftig aus durch den Mund

- Traurig? = Regentropfenatem: langsam ein, lange seufzend aus

- Ruhig? = Wolkenatem: lang und gleichmäßig ein- und ausatmen

4. Sanfte Körperübungen zur Beruhigung und Selbstwahrnehmung

Viele hochsensible Kinder sind „Kopfkinder" – sie denken und fühlen so viel, dass ihr Körper manchmal fast vergessen wird. Dabei ist der Körper ihr **wichtigster Anker**, um mit starken Emotionen, Stress oder Reizüberflutung umzugehen.

Diese einfachen Körperübungen stärken das Körperbewusstsein, beruhigen das Nervensystem und fördern ein liebevolles Spüren von innen heraus.

Die Schildkröte

Ziel: Rückzug und Entspannung

Anleitung: Das Kind stellt sich vor, es ist eine Schildkröte, die sich in ihren Panzer zurückzieht. Es kniet sich hin, beugt den Kopf auf die Knie, legt die Arme über den Kopf. In dieser Haltung atmet es tief – langsam, leise.
Nach 4–5 Atemzügen „streckt" es sich wieder wie eine neugierige Schildkröte, die aus dem Panzer schaut.
→ Ideal nach einem Streit oder bei Überreizung.

Die Schwerkraft-Übung

☁ *Ziel*: Loslassen, Erdung

☁ *Anleitung*: Das Kind liegt auf dem Rücken und stellt sich vor, dass sein Körper schwer wird – wie ein Stein, der langsam in die Erde sinkt.

Du kannst sagen:

„Deine Beine werden schwer ... wie nasse, warme Sandkissen. Deine Arme liegen schwer auf dem Boden ... dein Rücken sinkt tief in die Erde."

→ Besonders wirksam als Einschlafritual oder nach aufregenden Tagen.

Die Baumübung

🌳 *Ziel*: Standfestigkeit, Ruhe

🌳 *Anleitung*: Das Kind steht aufrecht, beide Füße am Boden, Hände auf dem Bauch. Es stellt sich vor, Wurzeln wachsen aus den Füßen tief in die Erde. Dann hebt es langsam die Arme wie Äste nach oben, bleibt still, atmet tief.

Variante: Bei Wind (leichtes Schwanken) trotzdem stehen bleiben.

→ Fördert das Gefühl von innerer Stärke und Balance.

Der Schmetterlingsgruß

🦋 *Ziel*: Selbstberuhigung, Herzöffnung

🦋 *Anleitung*: Das Kind überkreuzt die Arme und klopft sich mit den Fingerspitzen sanft abwechselnd auf die Schultern – wie ein flatternder Schmetterling. Es atmet dabei langsam ein und aus. Diese Bewegung beruhigt besonders bei Unruhe oder emotionaler Anspannung.

→ Auch geeignet zur emotionalen Verarbeitung (nach Streit, Konflikt, Angst).

5. Entspannungsrituale für den Alltag – ruhig, kurz und wirkungsvoll

Rituale geben Struktur, Sicherheit und Orientierung – besonders wichtig für hochsensible Kinder. Hier findest du einfache Ideen, um Entspannung in alltägliche Abläufe einzubetten.

Morgens: „Der Tag beginnt ruhig"

- Vor dem Aufstehen 1 Minute ruhig im Bett liegen.
- Gemeinsam 3 tiefe Atemzüge machen.
- Kurzer Satz wie: „Heute darf ich in meinem Tempo wachsen."

Nach der Schule oder dem Kindergarten: „Ankommensritual"

- Kind darf in Ruhe ankommen, ohne sofort zu erzählen.
- Kurze Atemübung mit Kuscheltier oder leiser Musik.
- Kleine Rückzugszeit (10–15 Minuten) als Schutzphase.

Abends: „Die Sorgen abschütteln"

- Körper ausschütteln: Arme, Beine, Hände.
- Leises Summen, Tönen oder Gähnen.

- Geführter Bodyscan oder Streichelmassage mit Öl oder Stofftier.

„Ruhewolke"-Ritual

◯ Das Kind legt sich hin und stellt sich vor, auf einer weichen Wolke zu liegen.
Du begleitest es mit einer kurzen Geschichte:

„Du liegst auf einer Wolke ... sie trägt dich durch den Himmel ... du bist ganz leicht ... der Wind wiegt dich sanft ..."
→ Ideal zum Einschlafen oder nach einem emotional aufwühlenden Tag.

6. Wie du diese Übungen dauerhaft integrierst

Damit diese Entspannungsimpulse im Alltag wirken, braucht es **keine Perfektion, sondern Regelmäßigkeit und Freude**. Achte dabei auf:

- **Wiederholung statt Vielfalt**: Lieber eine Lieblingsübung regelmäßig machen als ständig neue ausprobieren.

- **Mitmachen statt anleiten**: Kinder entspannen leichter, wenn du es selbst vormachst – das verbindet und reguliert gleichzeitig.

- **Ernst nehmen, nicht überhöhen**: Keine große Erwartung, ob das Kind „jetzt ruhiger wird" – sondern liebevolles Angebot.

- **Sprachliche Begleitung**: Nutze eine ruhige, sanfte Stimme. Pausen. Blickkontakt. Nähe.

Dein Kind braucht nicht mehr Tools – es braucht deine **Präsenz.**

---

7. Deine Haltung ist die stärkste Übung

Am Ende ist es nicht die perfekte Übung, die deinem Kind hilft – sondern deine innere Haltung:

- Wenn du atmest, atmet dein Kind mit.

- Wenn du loslässt, kann dein Kind entspannen.

- Wenn du präsent bist, entsteht Sicherheit.

Ein ruhiger Raum beginnt nicht im Kinderzimmer – sondern in dir.

6.2 Gefühle spielerisch erkunden und ausdrücken

Hochsensible Kinder fühlen intensiv – aber oft fehlen ihnen die Worte. Die Emotion ist da, riesengroß, mächtig, überwältigend. Doch wie soll man erklären, was „komisch im Bauch" oder „ganz eng im Herzen" ist?

Deshalb ist es so wichtig, Gefühle **nicht nur zu benennen, sondern erlebbar zu machen**.
Spielerisch. Bildhaft. Mit allen Sinnen. Denn genau das brauchen diese Kinder: eine Sprache, die **ihrer inneren Tiefe gerecht wird – ohne sie zu überfordern.**

1. Warum Gefühle spielerisch erkundet werden sollten

Emotionen sind wie Farben: je differenzierter das Kind sie erkennt, desto bewusster kann es mit ihnen umgehen.

Gerade hochsensible Kinder:

- spüren viele Gefühle gleichzeitig,

- wissen oft nicht, **welches Gefühl zu wem gehört,**

- übernehmen Emotionen anderer (z. B. Wut von Spielkameraden),

- erleben diffuse Gefühle wie Scham oder Schuld besonders intensiv.

Wenn wir ihnen helfen, ihre Emotionen auszupacken wie kleine Päckchen – neugierig, behutsam, ohne Wertung – dann stärken wir ihre **emotionale Intelligenz**. Und damit ihre ganze Persönlichkeit.

2. Erste Schritte: Gefühle sichtbar machen

Kinder brauchen konkrete Bilder, um mit abstrakten Konzepten wie Emotionen umzugehen. Hier einige bewährte Methoden:

Gefühlswetter

Ziel: Inneres Empfinden äußern

Anleitung: Das Kind beschreibt, welches „Wetter" heute in ihm herrscht.

Beispiele:

- Sonnig = ruhig, zufrieden

- Gewitter = wütend, aufgewühlt

- Nebel = traurig, verwirrt

- Regenbogen = viele Gefühle gleichzeitig

→ Diese Methode eignet sich gut als tägliches Ritual (z. B. nach dem Kindergarten oder vor dem Abendessen).

Gefühlsmemory

Ziel: Gefühl + Ausdruck verknüpfen

Anleitung: Karten mit Gesichtern und Gefühlsbezeichnungen (freudig, ängstlich, aufgeregt, eifersüchtig…).

→ Das Kind darf Paare finden, nachspielen, eigene Geschichten dazu erfinden.

Die Gefühlskiste

🎲 *Ziel*: Gefühle „begreifen"
Anleitung: Eine echte Kiste mit Symbolen für verschiedene
Emotionen – z. B.:

- Stein = Wut

- Feder = Traurigkeit

- Glitzer = Freude

- Korken = Schutzbedürfnis
  Das Kind darf selbst bestimmen, welches Symbol für
  welches Gefühl steht – und damit spielen, tauschen,
  sortieren.

3. Gefühle in Bewegung ausdrücken

Nicht jedes Kind spricht gern. Aber jedes Kind bewegt sich. Der
Körper ist ein direkter Kanal für emotionale Energie. Gerade bei
Anspannung oder Überforderung hilft es, Gefühle **über
Bewegung zu lösen**:

Gefühls-Tanz

🎵 *Anleitung*: Spiele verschiedene Musikstücke (fröhlich,
traurig, dramatisch, langsam...) und das Kind darf dazu tanzen –
ganz frei.
→ Danach könnt ihr gemeinsam besprechen: *„Wie hat sich das
angefühlt?"*
→ Oder: *„Welche Farbe hätte dieses Gefühl?"*

Gefühle-Körper-Spiel

Anleitung: Du nennst ein Gefühl – das Kind „formt" es mit seinem Körper.
Beispiel:

- Wut = Faust, Stampfen, Spannkraft

- Angst = Kleinmachen, zusammenkauern

- Freude = Arme weit, Hüpfen
  → Danach wechseln die Rollen.

Gefühls-Tier-Spiel

Anleitung: Jedes Tier steht für ein Gefühl (z. B. Löwe = Wut, Igel = Rückzug, Schmetterling = Freude). Das Kind darf sich wie das Tier verhalten – du errätst, welches Gefühl dahinter steckt.

4. Gefühle kreativ ausdrücken

Hochsensible Kinder haben eine lebendige Fantasie. Wenn sie Gefühle nicht über Worte loswerden können, dann über Farben, Formen, Bilder oder Geschichten.

Gefühlsbilder malen

Anleitung: Das Kind darf „die Wut", „die Trauer" oder „die Freude" malen – nicht realistisch, sondern **wie es sich anfühlt**.
Fragen wie:

- „Welche Farbe hat das?"

- „Wie groß ist es?"

- „Hat es eine Form, ein Geräusch, ein Tempo?"

→ Es geht nicht um Kunst – es geht um **Selbstausdruck**.

Gefühlsmonster basteln

👾 *Anleitung*: Aus Papier, Knete oder Stoff entstehen kleine „Gefühlsmonster", z. B. das Wutmännchen mit rotem Zackenbauch oder das Trauerwesen mit Tränentropfen.

→ Diese Monster können helfen, Gefühle zu externalisieren („Es war nicht ich – das war mein Wutmännchen.")

5. Spielerisch durch schwierige Gefühle navigieren

Nicht alle Gefühle fühlen sich gut an – und genau diese machen hochsensiblen Kindern oft am meisten zu schaffen: Wut, Angst, Eifersucht, Scham. Sie sind so intensiv, dass sie das ganze Erleben dominieren – und Kinder sich selbst darin verlieren.

Was hilft? Nicht das Wegmachen, nicht das Schönreden, sondern das **spielerische, begleitete Durchleben**.

Das Wut-Vulkan-Spiel

🗼 *Ziel*: Druck ablassen – ohne Zerstörung
Anleitung: Das Kind darf „Wutvulkan" sein – erst brodelt es, dann bebt es, dann explodiert es laut (z. B. in ein Kissen, auf

eine Matte). Danach: „Der Vulkan ist wieder ruhig."

→ Optional: „Wutwasser" auf den Vulkan kippen (mit einer leeren Kanne symbolisch).

→ Stärkt das Gefühl: *Ich darf wütend sein – und kann mich selbst beruhigen.*

Die Muttreppe

📋 *Ziel*: Ängste in kleinen Schritten überwinden

Anleitung: Du malst eine Treppe. Jede Stufe steht für eine Mut-Tat (z. B. alleine beim Bäcker grüßen, sich entschuldigen, ins dunkle Zimmer gehen).

Für jede Stufe gibt es ein Symbol (z. B. ein Sternchen, ein Aufkleber).

→ Ziel: Das Kind erkennt, dass Mut wächst – nicht plötzlich, sondern in Schritten.

Die Eifersuchts-Blume

🌼 *Ziel*: Unterschiedliche Gefühle nebeneinander halten

Anleitung: Blume mit fünf Blättern, z. B.:

- Ich fühle mich ausgeschlossen.

- Ich möchte auch wichtig sein.

- Ich liebe mein Geschwisterkind trotzdem.

- Ich bin traurig.

- Ich möchte mehr Zeit mit Mama/Papa.

  Das Kind darf malen, sprechen oder schreiben, was es fühlt – **ohne Schuld oder Scham**.

Das Scham-Tier zähmen

🐭 *Ziel*: Schamgefühl benennen und liebevoll umarmen

Anleitung: Das Kind stellt sich vor, seine Scham ist ein kleines, ängstliches Tier (z. B. ein Igel, eine Maus, ein Käfer).

Fragen wie:

- „Was braucht das Tier?"

- „Wo lebt es?"

- „Darf es sich zeigen?"

  → Ergebnis: Das Kind merkt, dass selbst unangenehme Gefühle **verstanden und versorgt** werden dürfen.

6. Kreative Sprachspiele für die Gefühlssprache

Je mehr Worte ein Kind für seine Gefühle hat, desto besser kann es mit ihnen umgehen. Gerade hochsensible Kinder profitieren von spielerischen Zugängen zur inneren Sprache.

Das „Wie fühlt sich das an?"-Spiel

Du fragst:

- „Wenn deine Angst ein Wetter wäre – welches wäre es?"

- „Wenn deine Freude ein Tier wäre – welches?"

- „Wenn deine Traurigkeit eine Farbe hätte – welche?"
  → Das Kind denkt in Bildern – und lernt dabei, Gefühle **zu konkretisieren.**

Gefühle-Flüstern

Ein Spiel für Geschwister oder Eltern-Kind:

- Ein Gefühl wird heimlich gezogen und mit leiser Stimme „geflüstert".

- Der andere errät: „Hast du da Angst geflüstert?"
  → Ideal, um **Gefühl und Ausdruck** zu verbinden – auf leise, sichere Weise.

Gefühle-Fingerspiel

Jeder Finger steht für ein Gefühl.

- Daumen: Ich bin stolz

- Zeigefinger: Ich bin wütend

- Mittelfinger: Ich bin traurig

- Ringfinger: Ich bin froh

- Kleiner Finger: Ich habe Angst

Das Kind darf zeigen, wie es sich fühlt – **ohne zu sprechen**, aber mit einer klaren Geste. Auch unterwegs oder bei Reizüberflutung einsetzbar.

7. Familienrituale für emotionale Verbindung

Familien, in denen offen über Gefühle gesprochen werden darf, entwickeln ein starkes Wir-Gefühl. Gerade hochsensible Kinder spüren diese Offenheit – und blühen auf, wenn sie sich innerlich sicher fühlen.

Der Gefühlskreis

Einmal am Tag oder in der Woche: Alle erzählen, was sie gefühlt haben – z. B. „Heute war ich mutig, als …" oder „Ich war traurig, weil …"

→ Niemand wird unterbrochen, niemand muss sich rechtfertigen.

→ Fördert emotionale Offenheit und gegenseitiges Verstehen.

Die Gefühls-Post

Jeder darf Gefühlsbriefe schreiben (auch malen oder zeichnen) – z. B. an Mama, Papa, Geschwister oder an das eigene Ich.

→ Die Briefe können vorgelesen, gesammelt oder symbolisch „abgegeben" werden.

→ Ideal für Kinder, die sich schwer tun mit direkter Sprache.

Der Gefühlsbaum

Ein großer Pappbaum mit bunten Blättern – jedes Blatt steht für ein Gefühlserlebnis.
Beispiel:

* „Ich war stolz, als ich nicht geschrien habe."

- „Ich war traurig, weil ich mich ausgeschlossen fühlte."
  → Der Baum wächst – mit jeder Ehrlichkeit.

---

8. Deine Rolle als Gefühls-Übersetzer*in

Du bist die Brücke zwischen der Innenwelt deines Kindes und der äußeren Realität. Wenn du...

- Gefühle benennst, ohne sie zu bewerten,

- Ausdruckswege anbietest, ohne zu drängen,

- Nähe gibst, wenn Worte fehlen,

... dann lernt dein Kind:

Gefühle sind nicht gefährlich. Ich darf sie fühlen – und finde Wege, mit ihnen umzugehen.

> Das ist emotionale Reife – und der Grundstein für ein selbstbewusstes, ausgeglichenes Leben.

6.3 Spielerische Rituale für schwierige Situationen

Hochsensible Kinder brauchen Struktur – nicht, weil sie unflexibel sind, sondern weil sie **zu viel aufnehmen**. Wenn Situationen kippen (z. B. Streit, Trennung, Angst, Überforderung), verliert ihr inneres System oft die Orientierung.

Ein klarer Ablauf, ein vertrautes Zeichen, eine kleine wiederkehrende Geste können dann wie **Anker im Sturm** wirken. Rituale machen die Welt vorhersehbarer, verständlicher – und damit sicherer.

Besonders hilfreich: **spielerische Rituale**, die nicht belehren oder kontrollieren, sondern mit Fantasie, Humor und Leichtigkeit durch schwierige Phasen führen.

2. Rituale bei Trennung und Abschied

Ob beim Verabschieden an der Tür, vor dem Kindergarten oder beim Einschlafen – Trennung kann für hochsensible Kinder zu echtem emotionalem Stress führen.

Hier helfen Rituale, die **Verbindung sichtbar und spürbar machen**, auch wenn man nicht direkt beieinander ist.

Das Herz-am-Handrücken-Ritual

💜 *Anleitung*: Du küsst das Kind auf den Handrücken und sagst:

„Dieser Kuss bleibt bei dir – den kannst du tagsüber spüren, wann immer du willst."
→ Das Kind darf die Hand tagsüber „auflegen", wenn es dich vermisst.

Der magische Abschiedsknopf

○ *Anleitung*: Ihr malt mit abwaschbarem Stift oder Sticker einen „Zauberpunkt" auf Hand oder Arm.
→ Dieser Knopf verbindet euch – wenn gedrückt, denkt ihr aneinander.

Der Seelenfaden

🖐 *Anleitung*: Erfindet einen unsichtbaren Faden, der euch verbindet – von Herz zu Herz. Wenn ihr daran „zieht", spürt ihr euch gegenseitig.

---

3. Rituale in Wut- oder Trotzmomenten

Hochsensible Kinder erleben Wut nicht oberflächlich – sie fühlen sie ganz. Doch oft wissen sie **nicht**, was mit all der Energie geschehen soll.

Hier helfen Rituale, die **kanalisieren**, **strukturieren** und **Rückverbindung** ermöglichen.

Der Wut-Waschbär

🦝 *Anleitung*: Ein kleines Stofftier bekommt die Rolle des Wut-Trägers. Das Kind darf es schütteln, drücken, ansprechen:

„Was hast du heute geschrien?", „Was brauchst du, Wutbär?"
→ Danach wird der Bär „gewaschen" – z. B. mit einem Tuch, als Zeichen: Die Wut darf gehen.

Das Wut-Tier-Spiel

🐘 *Anleitung*: Das Kind darf sein Wut-Tier wählen (Löwe, Tiger, Elefant...). Wenn es wütend ist, wird das Tier „gerufen". Es darf sich wie das Tier bewegen – brüllen, stampfen, zeigen: *Ich bin da!*
→ Danach: Das Tier „geht schlafen". Das Kind beruhigt es.

Der Wut-Boden

🧘 *Anleitung*: Ein kleiner Teppich oder Matte ist der „Wutplatz". Dort darf getrampelt, gehüpft, geschrien oder gesprungen werden.
→ Nur dort. Außerhalb: Ruhe.
➡ Ritualisiert Wut **als erlaubtes Gefühl mit Raum – aber auch mit Grenze.**

---

4. Rituale bei Reizüberflutung

Licht, Lärm, Gerüche, Stimmen – all das kann bei hochsensiblen Kindern eine Reizschwelle überschreiten. Die Folge: Rückzug, Weinen, Wut oder scheinbare „Unkooperativität".

Was dann hilft, ist nicht: Reden. Erklären. Fordern.
Sondern: **Ritualisiertes Beruhigen.**

Die Schutzblase

🫧 *Anleitung*: Gemeinsam mit dem Kind wird eine imaginäre „Blase" aufgebaut. Ihr sprecht leise:

„Wir bauen deine Ruheblase … dicke, schützende Wände … nur du bist darin … alles wird leiser …"
→ Danach darf sich das Kind still darin „verstecken".

Die Geräusch-Hand

✋ *Anleitung*: Das Kind darf auf deine Hand drücken – je fester, desto lauter ist die Welt für es gerade.
→ Du reagierst dann mit einem stillen Zeichen (Augenkontakt, Arm öffnen, „Jetzt darfst du in den Schutz").
→ Fördert nonverbale Kommunikation in stressigen Momenten.

5. Rituale bei Angst und Unsicherheit

Hochsensible Kinder spüren Unsicherheit oft viel früher als andere. Ein fremder Ort, ein Geräusch, eine neue Person – all das kann Ängste auslösen. Dabei wirken ihre Reaktionen oft wie aus dem Nichts. Was sie brauchen: Rituale, die Sicherheit spürbar machen – **durch Wiederholung, Symbolik und Nähe.**

Das Mut-Amulett

🪬 *Anleitung*: Gemeinsam bastelt ihr ein „Mut-Amulett" (z. B. aus einem Stein, Tuch, Papier, Anhänger). Es wird aufgeladen mit einem Satz:

„Dieses Amulett erinnert dich daran: Du bist mutig – auch wenn du Angst hast."
→ Das Kind trägt es in der Tasche oder um den Hals.

Das Mut-Tier

🐻 *Anleitung*: Jedes Kind wählt ein „inneres Mut-Tier" (z. B. Löwe, Adler, Schildkröte). Vor schwierigen Situationen darf es „gerufen" werden – mit einer kleinen Geste oder einem Codewort.

→ Das Kind spürt: *Ich habe etwas in mir, das mich schützt.*

Die Angst-Treppe

🪜 *Anleitung*: Wie bei der „Muttreppe", aber rückwärts:

- Oben steht „Ich habe große Angst", unten: „Ich bin ruhig".
  → Das Kind zeigt, wo es gerade steht. Danach: Was könnte helfen, eine Stufe tiefer zu steigen?

---

6. Rituale bei Traurigkeit und Rückzug

Traurigkeit bei hochsensiblen Kindern zeigt sich oft **nicht direkt** – sondern in Form von Schweigen, Rückzug, Reizbarkeit oder körperlichem Unwohlsein.

Rituale können helfen, Traurigkeit **zu erlauben, sichtbar zu machen und sanft zu begleiten.**

Das Tränen-Glas

💧 *Anleitung*: Ein kleines Glas mit Tropfen (z. B. aus Papier oder echten Wassertropfen mit Pipette).

→ Für jede geweinte Träne kommt ein Tropfen hinein. Am Ende: anschauen, gemeinsam ausschütten oder „vergießen lassen".

➡ Symbolisiert: *Tränen dürfen da sein – und dürfen auch wieder gehen.*

Die Kummer-Post

✉️ *Anleitung*: Das Kind schreibt oder malt Kummer auf kleine Zettel, die in einen Umschlag kommen.
→ Einmal in der Woche wird geöffnet, gelesen – und gemeinsam überlegt: *Was ist noch da? Was darf schon gehen?*

Der Trostplatz

🛋️ *Anleitung*: Ein fester Platz im Haus (Sessel, Kissen, Höhle), mit dem Ritual:

„Wenn du traurig bist, wartet der Trostplatz auf dich."
→ Dort darf das Kind ruhen, kuscheln, lesen, leise sein – ohne Fragen, ohne Erklärungsdruck.

---

7. Rituale bei Streit und Versöhnung

Konflikte zwischen Geschwistern, mit Eltern oder Freunden sind für hochsensible Kinder besonders schmerzhaft. Sie nehmen Worte, Blicke, Spannungen **so tief auf**, dass sie oft stundenlang innerlich beschäftigt sind.

Rituale helfen, **einen klaren Rahmen für Streit und Versöhnung** zu schaffen – ohne Schuld, ohne Scham.

Das Versöhnungslämpchen

🕯️ *Anleitung*: Nach einem Streit wird gemeinsam ein kleines Licht (Kerze, LED, Lämpchen) entzündet – als Zeichen:

„Wir gehen wieder aufeinander zu."
→ Kein Gespräch nötig – das Licht spricht für sich.

Die Friedens-Hand

✋ *Anleitung*: Das Kind legt seine Hand auf deine – oder auf die des Geschwisterkindes. Kein Wort, nur Berührung.

→ Danach: Wer möchte, sagt „Ich war traurig, weil ..." oder „Ich wünsche mir ..."

→ Verbindet nonverbal und senkt sofort emotionale Spannung.

Das Streit-Tier

🐨 *Anleitung*: Ein Tier-Stofftier ist der „Streit-Bote". Wer es nimmt, darf über seinen Ärger sprechen – aber nur der, der es gerade hält. Danach wird das Tier weitergegeben.

→ Fördert achtsames Zuhören und abwechselndes Sprechen.

8. Übergangsrituale im Alltag

Für hochsensible Kinder sind Übergänge (z. B. von zu Hause zur Schule, vom Spiel zum Schlafen, von Ferien zu Alltag) **kleine emotionale Krisen**. Sie verlieren Sicherheit, Klarheit, oft auch Kontrolle.

Rituale schaffen Brücken:

Der Übergangsstein

🪨 *Anleitung*: Ein kleiner Stein, der von einem Ort zum anderen mitgenommen wird – als Symbol:

„Ein Teil von zu Hause geht mit."

→ Nach der Rückkehr kommt der Stein zurück auf seinen Platz.

Die „Ich-finde-mich-wieder"-Karte

✳ *Anleitung*: Das Kind malt eine kleine Karte, auf der steht (oder gezeichnet ist):

„Wenn ich mich verloren fühle, erinnere ich mich an …"
→ Das kann ein Ort, ein Lied, ein Tier oder ein Satz sein.
→ Die Karte ist Begleiter durch große emotionale Übergänge.

Die Rückkehr-Feier

🎉 *Anleitung*: Nach einem anstrengenden Tag oder schwierigen Moment gibt es ein kleines Ritual – z. B. ein Lied, ein Getränk, ein Licht anzünden – das sagt:

„Jetzt bist du wieder sicher. Willkommen zu Hause."

---

9. Deine Haltung ist das größte Ritual

Du kannst noch so viele Methoden kennen – das, was bleibt, ist deine Haltung:
Dein Blick, dein Atem, deine Stimme. Deine Präsenz.

Wenn dein Kind dich in schwierigen Situationen erlebt als:

- ruhig,

- mitfühlend,

- ehrlich,

- ohne Angst vor seinen Gefühlen,

… dann lernt es, dass auch große Gefühle **getragen werden können**. Von dir – und irgendwann: **von sich selbst**.

6.4 Kreativität nutzen, um Stress abzubauen

1. Warum Kreativität für hochsensible Kinder so heilsam ist

Hochsensible Kinder nehmen mehr auf – und tragen mehr in sich. Ihre inneren Welten sind oft so voll, dass sie überfließen. Wenn all das, was sie fühlen, denken, wahrnehmen, keinen Ausdruck findet, staut es sich wie ein Fluss hinter einer Schleuse.

Kreativität ist **diese Schleuse**. Sie öffnet einen Weg nach draußen. Und sie tut es ohne Druck, ohne Erwartung, ohne Bewertung.
Ob durch Farben, Geschichten, Musik oder Bewegung – kreativer Ausdruck **ermöglicht Regulation, Verarbeitung und Entlastung**.

Das Schöne: Hochsensible Kinder sind oft ohnehin kreativ veranlagt – sie brauchen lediglich Raum, Ermutigung und Schutz für diese Art von Ausdruck.

2. Die tiefere Wirkung kreativer Prozesse auf Körper und Seele

Kreative Tätigkeiten fördern mehr als nur Fantasie – sie wirken direkt auf das **vegetative Nervensystem**:

- **Malen** beruhigt den Puls, zentriert die Aufmerksamkeit, erlaubt nonverbalen Ausdruck

- **Musik** aktiviert rhythmisch das emotionale Zentrum im Gehirn

- **Bewegung** baut Stresshormone ab

134

- **Geschichten** helfen, innere Konflikte zu externalisieren und zu verarbeiten

Kurz: Kreativität schafft **Sicherheit durch Selbstwirksamkeit**. Ein Kind, das gestalten darf, spürt:

Ich kann Einfluss nehmen – auf mein Erleben, auf mein Gefühl, auf meine Welt.

---

3. Kreative Ausdrucksformen für zu Hause – ganz ohne Leistungsdruck

Hier findest du einfache, alltagstaugliche Ideen, die du gemeinsam mit deinem Kind ausprobieren kannst – ohne Vorkenntnisse, ohne Materialschlachten.

Freies Malen mit Gefühlsvorgabe

Ziel: Gefühle in Farben wandeln
Anleitung: Du gibst ein Gefühl vor (z. B. Wut, Freude, Angst) – das Kind wählt Farben, Formen, Linien.
→ Kein Motiv nötig. Einfach: *Wie fühlt sich das an? Welche Bewegung macht der Pinsel?*

Kreatives Kritzeln – ohne Ziel

Ziel: Gedanken loslassen
Anleitung: Beide nehmen ein Blatt, schließen kurz die Augen und kritzeln los. Danach darf – wenn gewünscht – aus dem Gekritzel ein Bild entstehen.
→ Besonders gut bei innerer Unruhe oder Gedankenkreisen.

Das Stimmungstagebuch

📖 *Ziel*: Gefühle über Bilder festhalten
Anleitung: Jeden Tag ein kleiner Eintrag – mit Farbe, Symbol, kleinem Satz oder Figur.
→ Das Kind spürt, wie sich Stimmungen verändern dürfen – und dass alles da sein darf.

Ton oder Knete statt Worte

🖐 *Ziel*: Gefühle über Form ausdrücken
Anleitung: Statt über einen Streit oder eine Angst zu sprechen, wird mit Knete oder Ton etwas geformt.
Beispiele: „Was ist das für ein Gefühl?" – „Wie groß ist es?" – „Was würde ihm helfen?"

4. Geschichten und Rollenspiele als kreative Selbstregulation

Viele hochsensible Kinder denken in Bildern, lieben Geschichten und leben in Fantasiewelten, die oft tief mit ihrer emotionalen Realität verknüpft sind. Rollenspiele oder das Erfinden von Geschichten sind nicht nur Spiel – sie sind **verdeckte emotionale Arbeit.**

Die „Ich-erfinde-mir-einen-Helden"-Methode

👤 *Anleitung*: Das Kind erfindet eine Figur, die ein Problem hat – ähnlich dem, was es selbst erlebt (z. B. ein Tier, ein Kind, ein Zauberwesen).
→ Dann wird gemeinsam eine Geschichte erzählt: *Was hilft dem Helden? Welche Freunde hat er? Was schafft er am Ende?*

→ Das Kind erlebt über die Identifikation: *Auch ich kann durch etwas Schweres hindurchgehen.*

Das Sorgenpuppen-Theater

🎭 *Anleitung*: Kleine Figuren (aus Papier, Filz, Holz) übernehmen die Rollen von „Sorge", „Wut", „Freude", „Mut".
→ In kleinen Szenen dürfen diese Figuren miteinander sprechen, streiten, sich trösten.

→ So wird das Innenleben **sichtbar, verhandelbar und verstehbar.**

5. Musik als emotionale Brücke und Regulator

Musik ist eine universelle Sprache – sie spricht direkt mit dem Nervensystem, mit dem Herzen, mit dem Bauchgefühl. Hochsensible Kinder reagieren oft **intensiv auf Klänge, Melodien, Rhythmen** – was Musik zu einem kraftvollen Werkzeug macht.

Klangdusche

🎶 *Ziel*: Abschalten, innerlich reinigen
Anleitung: Das Kind legt sich hin, schließt die Augen. Du spielst leise, harmonische Musik oder klingst mit einer Klangschale, Glöckchen, Windspiel.
→ Danach: „Wie fühlt sich dein Körper jetzt an?"

Die Musik-Stimmungsreise

📻 *Ziel*: Gefühle durch Musik ausdrücken
Anleitung: Spiele nacheinander kurze Musikstücke mit unterschiedlicher Stimmung (z. B. ruhig, traurig, wild, fröhlich).

→ Das Kind malt oder beschreibt: *„Welche Farbe hätte das Lied?"*, *„Wie fühlt sich das Lied in deinem Körper an?"*

Selbst Musik machen

👁 *Ziel*: Spannungen loswerden, Selbstwirksamkeit stärken
Anleitung: Mit Trommel, Rassel, Klanghölzern oder selbstgebauten Instrumenten (Karton, Gläser...) darf das Kind sich ausdrücken – laut, leise, wild, rhythmisch.
→ Kein Takt nötig. Nur: *Wie klingt dein Inneres heute?*

---

6. Bewegung als Ventil und Balancierhilfe

Bewegung hilft, was Worte nicht ausdrücken können. Sie **reguliert das Nervensystem**, baut Stress ab, bringt das Kind zurück in seinen Körper – und damit ins Jetzt.

Der Gefühlsparcours

🏃 *Ziel*: Emotionen „durchlaufen"
Anleitung: Baue mit Seilen, Kissen, Tüchern einen Mini-Parcours. Jede Station steht für ein Gefühl.

- Über das rote Tuch = Wut

- Auf dem Wackelbrett = Unsicherheit

- Durch die Kissenhöhle = Rückzug

- Am Ende: Sprung ins Licht = Mut, Freude

→ Das Kind benennt nicht nur Gefühle – **es erlebt sie körperlich**.

Kreativer Ausdruckstanz

🦎 *Ziel*: Inneres befreien
Anleitung: Musik an – das Kind darf sich ausdrücken. Ohne Choreografie. Nur mit der Frage: *„Wie würde sich dein Gefühl bewegen?"*
→ Du kannst mitmachen oder den Raum halten.
→ Besonders hilfreich bei Nervosität, Gereiztheit oder Traurigkeit.

7. Natur als kreativer Rückzugs- und Ausdrucksraum

Die Natur wirkt beruhigend auf hochsensible Kinder – sie bietet **Struktur ohne Bewertung, Veränderung ohne Chaos, Schönheit ohne Lautstärke.** Gleichzeitig eröffnet sie unzählige kreative Möglichkeiten:

Gefühlsmandalas aus Naturmaterialien

🍁 *Ziel*: Konzentration, Selbstausdruck
Anleitung: Das Kind sammelt Blätter, Steine, Zapfen etc. und legt daraus ein Mandala – passend zur Stimmung.
→ Farben, Formen, Muster dürfen dem inneren Zustand folgen.

Das Wunsch-Baum-Ritual

🌳 *Ziel*: Hoffnungen ausdrücken
Anleitung: Das Kind darf Wunschblätter (aus Papier) an einen Ast oder Strauch hängen – jedes Blatt trägt ein Wort oder Bild für einen Wunsch, eine Hoffnung, einen Mutimpuls.
→ Der Baum wird zum stillen Begleiter.

8. Fantasie als seelischer Schutzraum

Viele hochsensible Kinder haben eine besonders reiche Fantasie – sie erfinden Wesen, Welten, Geschichten, die oft **genau das ausdrücken, was ihnen im Inneren fehlt oder zu viel ist.**
Fantasie ist nicht Flucht – sie ist Schutz, Spiel und Verarbeitung zugleich.

Die Kraftinsel

🌴 *Ziel*: Innerer Rückzugsort
Anleitung: Gemeinsam wird eine Fantasie-Insel erschaffen – mit allem, was dem Kind gut tut.
→ Frage: *„Was gibt es dort? Wer beschützt dich? Wie klingt es dort?"*
→ Das Kind malt oder beschreibt diesen Ort.
➡ Diese Insel kann bei Stress innerlich aufgerufen werden.

Der Gefühlskompass

✳ *Ziel*: Orientierung finden
Anleitung: Das Kind bastelt einen Kompass mit vier Himmelsrichtungen – jede steht für ein Gefühl (Freude, Wut, Angst, Ruhe).
→ Je nach Tagesform „stellt" es die Nadel und erklärt, warum.
→ Dann: *Was würde helfen, Richtung „Ruhe" oder „Mut" zu kommen?*

9. Deine Rolle als Begleiter*in in der Kreativität

Du musst nichts können. Du musst nicht malen, musizieren oder basteln können. Was du brauchst, ist:

- Offenheit
- Interesse
- Mut zur Unvollkommenheit

Dein Kind sucht keine Künstlerin oder Pädagogen. Es sucht einen Menschen, der sagt:

„Ich sehe, was in dir lebt. Zeig es mir. Es ist willkommen.“

Wenn du Raum gibst – ohne Bewertung, ohne Ziel, ohne Eile – dann entsteht Magie. Kreative Magie, die heilt.

10. Kreativität ist Selbstfürsorge für die Seele

In der Kreativität findet das hochsensible Kind einen geschützten Ort:

- frei von Erwartungen,
- voller Ausdruck,
- reich an Möglichkeiten.

Und es findet sich selbst darin wieder – nicht in Worten, sondern in Farben, Tönen, Bewegungen.

Wenn du diesen Raum bewahrst und förderst, schenkst du deinem Kind das vielleicht Wertvollste, das es in sich tragen kann:

> **Die Fähigkeit, sich durch das Leben zu fühlen – und dabei sich selbst treu zu bleiben.**

Nachwort: Ein liebevoller Blick in die Zukunft

Vielleicht warst du müde, als du dieses Buch begonnen hast. Vielleicht warst du ratlos, erschöpft oder einfach voller Fragen. Vielleicht hattest du das Gefühl, du müsstest mehr leisten, besser verstehen, weniger scheitern.

Und jetzt – am Ende dieses Weges – hoffe ich, dass du vor allem eines mitnimmst:
Du musst nicht perfekt sein. Du musst präsent sein.

Denn du begleitest kein gewöhnliches Kind. Du begleitest ein Kind, das **tiefer fühlt**, **heller hört**, **stärker reagiert**. Ein Kind, das sich oft nicht in das Raster der Welt einfügen will – weil es nicht dazu gemacht ist, angepasst zu funktionieren, sondern um **in Verbindung zu leben**.

Und du – als Mama, Papa, Begleiter*in – bist nicht dafür da, dieses Kind zu verändern. Du bist da, um es **zu schützen**, **zu stärken** und ihm zu zeigen:

> *Du bist nicht falsch. Du bist fein. Und du bist wichtig – genau so wie du bist.*

Dein Kind wird seinen Weg gehen – in seinem Tempo

Hochsensible Kinder sind keine Problemfälle. Sie sind die Seismografen der Welt.
Sie spüren früher, was schief läuft.
Sie lieben tiefer, was schön ist.

Sie trauern ehrlicher, was fehlt.
Sie fragen lauter, was still gemacht werden soll.

Diese Kinder brauchen Zeit. Raum. Echtheit. Und: Menschen, die **nicht nur erziehen**, sondern **begleiten**.

Und vielleicht ist das der wichtigste Wandel, den du durch dieses Buch vollzogen hast:
Dass du nicht mehr suchst, was du *anders machen musst*, sondern erkennst, **wer du bist – und wie viel du bereits gibst**.

Die Zukunft liegt nicht in Erziehungsratgebern – sondern in Beziehung

Es wird noch viele Tage geben, an denen du zweifelst. An dir. An deinem Kind.
Es wird Konflikte geben. Tränen. Frust.
Aber es wird auch Tage geben, an denen du dein Kind anschaust – und in seinen Augen all das wiederfindest, was du dir für diese Welt wünschst:

- Tiefe
- Verbundenheit
- Wahrheit
- Zärtlichkeit
- Mut

Und dann wirst du wissen:

> *All die Mühe hat sich gelohnt. Nicht, weil alles perfekt war.*
> *Sondern, weil Liebe genügt hat.*

Und wenn du selbst mal nicht mehr kannst …

Denk daran: Du darfst schwach sein. Du darfst Fehler machen.
Du darfst Hilfe brauchen.
Du bist nicht weniger wert, wenn du Pause machst.
Du bist nicht weniger Elternteil, wenn du sagst: *Ich bin gerade*
überfordert.
Denn das, was dein Kind am meisten braucht, ist **kein**
Superheld – sondern ein echtes Gegenüber.
Einer, der sagt: *„Ich bin auch ein Mensch – aber ich bleibe."*

Zum Schluss: Ein kleiner Brief an dein Kind – in deinen Worten

Vielleicht magst du diesen Impuls aufnehmen und in dein
Notizbuch schreiben – oder deinem Kind irgendwann vorlesen.

„Du bist zart und kraftvoll zugleich.
Manchmal verstehst du diese Welt nicht – und doch wirst du
ihr so viel geben.
Du wirst Menschen berühren mit deinem Blick, deiner Art,
deiner Tiefe.
Du musst dich nicht anpassen, um geliebt zu werden.
Du darfst du sein. Und ich – ich darf dich begleiten.
Und das ist das größte Geschenk meines Lebens."

Ein Brief an dich

Von Herz zu Herz – zum Abschied, der keiner ist

Du hast dieses Buch gelesen.
Vielleicht in stillen Minuten. Vielleicht zwischen Wäschebergen,
Tränen und Alltag.
Vielleicht in der Hoffnung, endlich zu verstehen.
Vielleicht mit einem Kloß im Hals, weil so vieles davon *euer
Leben* beschreibt.

Und ich möchte dir sagen:
Du bist nicht allein.
Du warst es nie.

Ich weiß, wie es ist, ein Kind zu begleiten, das tiefer fühlt,
schneller überfordert ist, scheinbar unberechenbar reagiert –
und dabei so viel Wahrheit in sich trägt.
Ich weiß, wie es ist, wenn man zwischen Selbstzweifeln und
Verantwortung steht, wenn man erschöpft ist, aber dennoch da
bleibt. Jeden Tag.
Und ich weiß, dass du so viel mehr gibst, als du selbst
manchmal erkennen kannst.

Dieses Buch ist nun zu Ende – aber euer Weg geht weiter.
Und du gehst ihn nicht blind, nicht machtlos, nicht verloren.
Du gehst ihn **bewusst, liebevoll und mutiger als zuvor**.

Denn du trägst jetzt Wissen in dir. Werkzeuge. Ideen. Und vor
allem:
Die Erinnerung daran, dass du nicht perfekt sein musst – nur
echt.
Dass du nicht immer alles wissen musst – nur zuhören.
Dass du nicht immer stark sein musst – nur verbunden.

Dein Kind braucht keine perfekte Mutter, keinen perfekten Vater.
Es braucht **Dich** – in deiner Geduld, deiner Unsicherheit, deiner Liebe.

Und auch du darfst gesehen werden.
Du darfst Pausen machen. Hilfe annehmen. Schwach sein. Und wachsen.

Danke, dass du dich eingelassen hast.
Danke, dass du dich erinnerst, was möglich ist, wenn wir nicht nur erziehen, sondern **begegnen**.

Ich bin sicher:
Dein Kind wird spüren, dass du es verstehst.
Und vielleicht, eines Tages, wird es dir sagen:

„Danke, dass du mich gehalten hast – genau so, wie ich bin."

In Verbundenheit,

Lena A. Richter

Dein Kind ist nicht zu viel.
Es ist genau richtig – in einer Welt, die Menschen wie es mehr denn je braucht.
Und du bist nicht allein.

Literatur- und Hilfetipps

Fachliche Hilfe und Begleitung

- **Kinder- und Jugendpsycholog*innen**, die Erfahrung mit Hochsensibilität haben
  → besonders bei schulischer Überforderung, Ängsten oder familiären Spannungen.

- **Entspannungspädagogik für Kinder (z. B. PMR, Yoga, Fantasiereisen)**
  → hilft, das Nervensystem sanft zu regulieren.

- **Systemische Familienberatung oder Elterncoaching**
  → kann neue Blickwinkel und Werkzeuge im Umgang mit sensiblen Kindern eröffnen.

Materialien für den Alltag

- **Gefühlskarten für Kinder** (z. B. von HABA, Betzold oder DIY)
  → helfen beim Benennen und Verstehen von Emotionen.

- **Klangschalen, Handtrommeln, Knete, Sanduhren, Schaukeltücher**
  → für kreative Selbstregulation zuhause.

- **Kinderhörbücher zu Emotionen**
  z. B. *„Der kleine Fuchs hört auf sein Gefühl"*, *„Leon zeigt Gefühle"*

Literaturverzeichnis

Aron, Elaine N. (2019): *Das hochsensible Kind. Wie Sie auf die besonderen Schwächen und Bedürfnisse Ihres Kindes eingehen.* 12. Aufl. München: mvg Verlag.

Aron, Elaine N. (2016): *Sind Sie hochsensibel? Wie Sie Ihre Empfindsamkeit erkennen, verstehen und nutzen können.* München: mvg Verlag.

Grof, Stanislav / Bennett, Christina (2015): *Die heilende Kraft der Gefühle: Emotionen verstehen – transformieren – befreien.* München: Kösel-Verlag.

Hohmann, Kathrin (2022): *Hochsensible Kinder stärken: Wie Sie mit Achtsamkeit, Nähe und Klarheit das Selbstwertgefühl Ihres Kindes fördern.* Freiburg: Herder.

Imlau, Nora (2019): *So viel Freude, so viel Wut: Gefühlsstarke Kinder verstehen und begleiten.* München: Kösel-Verlag.

Kast-Zahn, Annette (2021): *Emotionale Entwicklung fördern. Was Kinder brauchen, um psychisch stark zu werden.* Freiburg: Herder.

Parlow, Georg (2017): *Zart besaitet: Selbstverständnis hochsensibler Menschen.* Wien: Integral.

Schwarz, Ulrike (2020): *Hochsensible Kinder einfühlsam begleiten: Für ein glückliches Familienleben.* Stuttgart: Trias Verlag.

Zeff, Ted (2018): *Stark und einfühlsam: Das Selbsthilfebuch für hochsensible Jungen.* München: mvg Verlag.